Анна Попкова

Путешествие в страну виноградных лоз

Анна Попкова

Путешествие в страну виноградных лоз

Итальянское вино

Bloggingbooks

Impressum / Выходные данные
Bibliografische Information der Deutschen Nationalbibliothek: Die Deutsche Nationalbibliothek verzeichnet diese Publikation in der Deutschen Nationalbibliografie; detaillierte bibliografische Daten sind im Internet über http://dnb.d-nb.de abrufbar.

Библиографическая информация, изданная Немецкой Национальной Библиотекой. Немецкая Национальная Библиотека включает данную публикацию в Немецкий Книжный Каталог; с подробными библиографическими данными можно ознакомиться в Интернете по адресу http://dnb.d-nb.de.

Coverbild / Изображение на обложке предоставлено: www.ingimage.com

Verlag / Издатель:
Bloggingbooks
ist ein Imprint der / является торговой маркой
AV Akademikerverlag GmbH & Co. KG
Heinrich-Böcking-Str. 6-8, 66121 Saarbrücken, Deutschland / Германия
Email / электронная почта: info@bloggingbooks.de

Herstellung: siehe letzte Seite /
Напечатано: см. последнюю страницу
ISBN: 978-3-8417-7137-7

Путешествие в страну виноградных лоз

Оглавление

Введение
История итальянского виноделия

Культура Италии неразрывно связана с вином. Природе надо было создать этот удивительный полуостров в форме бокала, чтобы точнее отразить суть древней Энотрии – страны вина, как называли Италию античные греки.

Мудрый Гораций напутствовал: «Никакого дерева, Вар, ты не сажай прежде священной виноградной лозы».

И его совету следовали везде, пологие холмы, горные склоны, равнины, освещаемые солнцем, обдуваемые свежими ветрами, покрыты виноградниками по всей стране.

В Италии 20 регионов и каждый из них производит свое вино, которое отличается разнообразием и непохожестью, имеет свой характер, иногда отличающейся строптивостью, иногда нежностью. А как может быть иначе, если в Италии насчитывается порядка 400 сортов винограда, к тому же, везде разный микроклимат, почвы и виноделы любят творческий подход в создании вина.

Виноделие в Италии насчитывает тысячелетия. В II в. до н.э. финикийцы завезли на Сицилию благородную лозу *Vitis Vinifera - "лоза, приносящая вино"*. Отсюда виноград распространился по всей территории Италии. Древние римляне ввели потребления вина в правило, сделав вино настоящим народным напитком.

Уже в то время были известные такие итальянские сорта винограда как санджовезе и треббьяно, которые до сих пор остаются самыми распространенными.

Завоевывая новые территории, строя города, первое, что делали римляне – закладывали каструм, прокладывали дорогу в Рим и сажали виноградную лозу. Ну не возить же вино в новые провинции из Рима! Тем более, что проблема хранения и транспортировки вина в древнем мире стояла очень остро. Древнее вино сильно отличалось от современного напитка. Это был сиропообразный, очень сладкий и сильно алкогольный напиток, который разбавляли водой и добавляли мед и специи, чтобы достичь приятного аромата. Гораций, большой любитель вина, писал, что вино отдаляет волнения и тревоги, помогает раскрыться спрятанным чувствам. Сенека вторил ему, говоря, что вино благотворно влияет на человека, исцеляет от болезней и печали. Но все упоминали об умеренности в употреблении вина. Древние римляне, подглядев идею у завоеванных северных варваров, стали использовать для хранения и перевозки вина деревянные бочки. Опытным путем установили, что лучше всего для этой цели подходят дубовые бочки, благодаря дубильным веществам, в них не только вино хорошо сохраняется, но и приобретает дополнительный аромат.

Также римляне стали использовать деревянные прессы, прообразы современных. (Подобные деревянные прессы до сих пор можно встретить в Шампани).

Но с падением Римской империи все изменилось, и виноградарство оказалось в глубоком кризисе. И только в средние века, благодаря монахам, ситуация изменилась. Вино стали делать в монастырях – вино для мессы, используя техники, которым следовали вплоть до XVIII в.

Следующим этапом развития виноделия в Италии стало Возрождение, затронувшее не только культуру и искусство, но и винное производство, центр которого переместился в Тоскану. В XIV в. родилось вино Кьянти, а монахи-иезуиты стали производить Нобиле ди Монтепульчано для церковных богослужений. В XVIII в. была проведена первая классификация вин: герцог Тосканы Козимо III Медичи ограничил территорию производства Кьянти Классико.

Но говорить об итальянском стиле еще очень рано, так как и Италии как единой страны не существует.

Дальше случилась общеевропейская беда – филлоксера, которая уничтожила множество виноградников. Многие французские виноделы лишились работы и стали ездить по винодельческим странам, предлагая свои услуги за небольшие деньги. А, как известно, Франция в то время была передовой страной в области виноделия. Так в XIX в. появились культовые и знаковые итальянские вина Бароло и Брунелло ди Монтальчино.

В 1960-е гг. правительство Италии произвело классификацию вин, согласно которой, итальянские вина делились на четыре категории:

- Vino da Tavola. Столовые вина. Простые вина, без указания места сбора винограда.
- IGT (Indicazione Geografica Tipica). Столовые вина с указанием места произрастания винограда.
- DOC (Denominazione di Origine Controllata). Вина высокой категории, апелласьоны с указанием места, где был выращен виноград и контролем со стороны государства.
- DOCG (Denominazione di Origine Controllata e Garantita). Верхняя ступень итальянских вин, которые не только контролируются по территориальному признаку и гарантируются по качеству.

С августа 2009 года в силу вступила новая европейская классификация, предполагающая всего три уровня:

- столовое вино
- IGP (Indicazione Geografica Protetta)
- DOP (Denominazione di Origine Protetta), включающая в себя бывшие DOC и DOCG.

Но итальянское законодательство разрешает использовать и старые названия категорий, поэтому многие производители не спешат переходить на новые обозначения.

Сейчас Италия является крупнейшим производителем и экспортером вина, даря нам возможность наслаждаться винами и путешествовать по винным дорогам.

Как прочитать этикетку

Итальянцы очень креативная и творческая нация, им чужды правила и ограничения, это касается и винных этикеток. Не ждите, что этикетка расскажет Вам полностью о вине, зато вполне возможно, что запомниться рисунком или цветом.

Тем не менее, на этикетке должны быть размещены обязательные надписи, которые чаще всего Вы и найдете:

- имя производителя, которое является самым главным на этикетке итальянского вина.
- классификация (vino da tavola, DOC, DOCG, IGT).

Здесь стоит сделать отступление. Порой вина высшей категории DOCG оказываются проще и дешевле, чем вина IGT. Объясняется это просто: виноделам было тесно в жестких рамках государственных правил, регламентировавших сортовой состав и технологии изготовления вин, поэтому виноделы, расширив свои возможности, лишились высшей категории, но при этом стали производить великолепное вино. Так что, самое главное – имя производителя.

- для вин DOC и DOCG необходимо указывать регион.
- для вин IGT необходимо указывать географическую зону.

Порой надо быть истинным знатоком итальянской географии, чтобы понять в каком регионе находится никому неизвестный городок, указанный на бутылке.

- объем бутылки.
- информация о производителе (название, адрес и другие).
- партия, которая обычно пишет после буквы L.
- содержание алкоголя (допустимая погрешность 0,5 %).
- с 2005 года обязательно надо писать о содержание сульфитов в вине.
- для игристых вин необходимо указывать метод производства.

Необязательная информация, которую производители могут поместить на этикетку, облегчив выбор вина.

- название вина: не очень полезная информация, но позволяет запомнить вино и узнать его в будущем.
- цвет вина: некоторые бутылки слишком темные и не позволяют определить цвет, поэтому надпись может быть полезной.

Rosso - красное вино.

Rosato - розовое вино.

Bianco - белое вино.

- остаточный сахар: сухое (secco), полусладкое (abboccato или более сладкое amabile), сладкое (dolce) вино. Эта информация помогает в выборе блюд, которые будут сопровождать вино.
- советы по подачи вина. Обычно включают в себя температуру сервировки, блюда, с которыми вино сочетается.
- сорта винограда. Очень полезная и нужная информация, в общих чертах дает понять, что ждать от вина, его ароматы и вкус.
- год. Надпись необязательная, но на этикетку ее помещают всегда.

Другие полезные надписи:

Liquoroso – чаще всего крепленное вино, иногда бывает с высокой концентрацией естественным способом оставляемого в вине сахара. Passito - сладкое или полусладкое вино из заизюмленного винограда. Recioto – сладкое вино, производимое из заизюмленого подсушенного на солнце винограда.

Frizzante - шипучее вино.

Spumante - игристое вино.

Riserva – вино выдерживают в бочке более длительный период.

Superriore - вино, содержащее на 0,5-1% больше алкоголя.

Как дегустировать вино

В бокале вина содержится много информации, это своего рода книга, в которой можно прочитать о напитке ее содержащем.

Цвет, аромат, вкус – это память вина о винограднике, земле, погоде и философии винодела.

Цвет вина говорит об его возрасте. Наклонив бокал над белым листом, и оценив цвет, можно сказать, кто перед нами – незрелый младенец или почтенный старец. Так пурпурно-вишневый цвет красного вина говорит о молодом возрасте, а чем цвет ближе к коричневому, тем старше вино. Для белых цвет меняется от зеленоватого в молодости, до соломенно-золотистого в зрелости. Посмотреть, как по стенкам бокала стекают «слезки». Резвые и быстрые – легкое вино, долго собирающиеся и медленно стекающие – плотное, тягучее вино.

«Первый нос». Понюхать вино в бокале, не взбалтывая его. Ощутить едва уловимый аромат и убедиться, что вино не испортилось во время хранения ;) Такое тоже бывает.

«Второй нос». Покрутить вино в бокале, дав ему надышаться кислородом, освободив ароматические вещества, опустить нос в бокал и нюхать, пытаясь уловить всевозможные ароматы. Чем лучше вино, тем больше ароматов в нем можно найти.

Сделать большой глоток, омыть вином весь рот, покрутить и пожевать его, ощущая вкус вина – кислотность, танины. Отметить долготу послевкусия. Через некоторое время опять понюхать вино в бокале, обнаружив, что оно изменилось, приобрело новые ароматы или утратило те, что были, эволюционировало. У хорошего медитативного вина эволюция может быть очень долгой и интересной, улавливать изменения раскрывшегося вина очень увлекательное занятие.

Самое дорогое итальянское вино

Если на вопрос о самом лучшем вине ответить сложно, то назвать самое дорогое не составит труда. Но всегда ли цена соизмерима с качеством или мы платим за имя и престиж?

Какое итальянское вино считается самым лучшим? Амароне, Кьянти, Бароло или Неро д'Авола?

Это сказать сложно, все зависит от вкуса, настроение, время года и еды. Проще сказать, какое вино самое дорогое.

Несмотря на то, что Италия страна с сильными и древними энологическими традициями, культура пития вина здесь несильно развита. Хотя сами итальянцы и утверждают обратное.

Но посмотрите на обеденный стол итальянской семьи, и вы увидите бутылку столового вина из супермаркета ценой в два евро. Вполне возможно, что на столе будет стоять графин с вином, купленным в разлив и привезенным домой в пятилитровой канистре.

Не много найдется тех, кто готов платить за бутылку итальянского вина больше пяти евро.

Тем не менее, существует прослойка знатоков и ценителей хороших вин, которые предъявляют высокие требования к качеству и готовы платить за это, хотя порой кажется, что с подобной суммой за бутылку вина может расстаться лишь безумец.

Так, например, шестилитровая бутылка Массето 1995 года от Тенуты делл'Орнеллайя стоит 8 500 евро. Цифра почти абсурдная и невероятная! Но это не рекорд, один коллекционер вина заплатил за желанную бутылку элитного сладкого французского вина Шато д'Икем 1787 года 70 тысяч евро. Вот такой дорогой «старичок», возможно способный еще хранится веками.

Заглянем в винный бутик, на бутылке Сассикайя 2005 от Тенута Сан Гуидо мы видим ценник 800 евро. И покупатели находятся! Каждый, кто имеет материальную возможность, хочет присоединиться к легенде и истории итальянского виноделия.

А мы, простые смертные, подумаем о ценах на самые дорогие итальянские вина, увидев бутылку великолепного красного вина Таурази от Мастроберардино по цене три тысяча рублей. Эта стоимость вам уже не кажется такой высокой?

В гостях у виноделов

Греко ди Туфо от Аиста

Туфо – деревня в Кампании хорошая известная всем любителем белого вина Греко ди Туфо. Почвы из известнякового туфа и богатые серой дарят вину яркий минеральный вкус, редкое итальянское белое вино имеет такой большой потенциал хранения как Греко ди Туфо.

Территория производства невелика, а производителей можно пересчитать практически по пальцам.

Мы хотим рассказать о маленькой семейной винодельни Benito Ferrara, которая находится в коммуне Туфо.

История винодельни насчитывает четыре поколения, но бутилировать собственное вино Бенито Феррара начал в 1991 году. По тем временам он был новатором, который хорошо умел предвидеть будущее.

После смерти Бенито в 1994 году руководит винодельней его дочь Габриелла, которая показала нам, как функционирует маленькая винодельня, где находятся виноградники, которые полюбили аисты, и как пахнет сера в заброшенной шахте.

Кажется, что жизнь небольшой винодельни среди холмистых виноградников размерена и монотонна, что оживает она лишь во время сбора винограда. Но это только кажется. Тишину разрезает пыхтящий грузовичок – привезли капсулы для бутылок. Следом за ним шумный агент грузит коробки с вином в потертую машину – Греко ди Туфо, Фиано ди Авеллино и Таурази поедут в местные рестораны и магазины.

«Мы не замечаем кризиса, - говорит Габриелла, - *работаем целый день, всегда есть дела, то на виноградниках, то на винодельни. Если бы еще бюрократия не мешала и государство помогало, то было бы совсем хорошо. А то консорциум есть, а толку от него нет».*

Benito Ferrara владеет 9 га виноградников и выпускает в год около 50 тысяч бутылок, небольшая часть которых доезжает и в Россию, где особой и заслуженной любовью пользуется вино Греко ди Туфо.

Греко ди Туфо существует в базовой версии и с отдельного виноградника (крю) Vigna Cicogna, которое бесспорно является уникальным вином. Vigna Cicogna – уникальный виноградник Аист, дающий винам яркую минеральную ароматику. Когда-то река Сабато вышла из берегов и аисты, гнездившиеся на берегу реки, переселились выше, на холм, где позже появился виноградник. Почвы здесь смешенные, песчано-глинистые с прослойками серы, которая поднимается почти наверх. Возраст лоз около 20 лет.

«С лозами надо разговаривать, - улыбается Габриелла, - *я даже музыку им включаю, и они отвечают взаимной любовью».*

Виноградник, повернутый на восток и залитый солнцем, ухоженными рядами спускается с холма высотой 500 метров над уровнем моря.

Процессы винификации проходят в нержавеющих чанах при контролируемой температуре, выдержка также в нержавеющих емкостях в течение 7 месяцев, потом период отдыха в бутылках около 1-2 месяцев.

Greco di Tufo Vigna Cicogna отличает яркий минеральный аромат на фоне нежных белых цветов с легкой яблочно-цитрусовой ноткой.

У Греко ди Туфо большой потенциал хранения, если говорить о винах Benito Ferrara, то винтаж 1999 еще хорошее и свежее вино.

Для производства базового вина Greco di Tufo идет виноград с других виноградников, где почвы отличаются по составу, здесь они глинисто-известняковые, богатые минералами. Это вино более фруктовое и менее кислотное.

Чтобы понять, почему вино обладает столь удивительным минерально-серным ароматом, обязательно стоит заглянуть на старую шахту, где долгие годы добывали серу. Пройдя по желтой, покрытой серой земле, вдыхая ее запах, начинаешь понимать, как много берет вино из почвы, как сильны корни, связанные с местом, где даже ромашки пахнут серой, а воздух наполнен Греко ди Туфо.

«Самое главное – это страсть к тому, что ты делаешь и любовь к родной земле», - говорит Габриелла на прощание.

И мы с ней полностью согласны!

Контраде ди Таурази – Лонардо

Средневековая деревня Таурази является столицей одноименной винодельческой зоной, где производят великое вино юга Италии. Каменные дома взбираются вверх по холму, узкие улочки, древние ступени, вокруг ни души.

Лениво бродим в поисках ресторана. В самой деревни находится больше двадцати винодельческих хозяйства и несколько ресторанов, но все закрыто. Вторник – мертвый день в Таурази.

Редкие прохожие проявляют участие и подсказывают, где можно найти место для обеда, проявляя огромное терпение, объясняя запутанный путь.

Наконец-то найден ресторан «Da Pino», хозяйка, принимая заказ, расспрашивает, что мы делаем в Таурази.

- *Винодельня Лонардо? Знаю, знаю, мы друзья. Мы здесь все друзья. Обедайте спокойно, потом я позвоню им и за вами заедут.*

Contrade di Taurasi, или винодельня Лонардо – маленькая семейная винодельня, в собственности которой находится 5 га виноградников, на которых в основном растет лучший красный сорт Кампании - альянико. Владеет винодельней молодая семья археологов Антонелла Лонардо и Флавио Кастальдо.

Когда они решили осесть на одном месте, то виноградники, купленные отцом Антонеллы, пришлись как нельзя кстати. Сначала это был кооператив, а с 1998 года Лонардо стали производить вино сами, только из собственного винограда, с использованием био-технологий.

После моцареллы ди буфало, пасты с белыми грибами и глотка крепкого эспрессо *(отличная кухня у Da Pino! Via G. Matteotti)*, Флавио проводил нас на виноградники.

Столетние лозы, растущие на собственных корнях в виде высоких деревьев, представляют собой величественное зрелище. К сожалению, подобных древних лоз осталось не очень много в Кампании.

Это виноградник (крю) Vigne d'Alto, где рождается великолепный Таурази со сложными ароматами вишневого конфитюра, специй, лакрицы и бесподобной минеральностью.

Второй виноградник Coste находится ниже, почвы там более глинистые. Здесь хочется обратиться к более авторитетным источникам и написать, что Паркер в этом году (2013 г.) оценил Taurasi Riserva 2007 Coste 97 баллами, это самый высокий балл из всех Таурази.

Contrade di Taurasi не любят баррик, объясняя это тем, что французская бочка делает все вина одинаковыми. В небольшой винодельни, расположенной напротив старых лоз, находятся большие бочки разной вместимости. Ферментация приходит при контролируемой температуре, малолактическая ферментация спонтанная, вина не фильтруют.

Винодельни Лонардо есть еще, чем удивить. Это белое вино Grecomusc' (Грекомуш) из сорта ровьелло бьянко – автохтонного сорта винограда, лозы которого были обнаружены на виноградниках. На сегодняшний день Лонардо являются единственными производителями вина из ровьелло бьянко.

Мы продегустировали Grecomusc' 2012 из нержавеющего чана, где он проходит выдержку. Вино отличается яркой минеральностью, нежным цветочным ароматом и собственным характером.

Позже Антонелла с маленькой помощницей провела для нас дегустацию красных вин, во время которой мы задали несколько вопросов.

- Антонелла, а что для вас на первом месте терруар или руки винодела?

- Терруар очень важен, но само вино не делается, поэтому роль винодела велика.

- Ваше вино Таурази получило у Паркера самый высокий балл из всех Таурази. Как вы к этому относитесь?

- Для нас это стало полной неожиданностью, так как мы не отправляли наши вина на дегустационную комиссию. Скорее всего это сделали наши американские партнеры. Конечно, очень приятно, когда твои вина высоко ценят.

- Деревня Таурази нам показалась пустынной. Здесь вообще бывают туристы?

- Бывают. В основном итальянцы, но приезжают и иностранные туристы, в основном американцы. В августе проходит праздник вина, тогда Таурази оживляется.

К сожалению, вина Contrade di Taurasi не продаются в России, но всегда есть возможность приехать самим в Кампанию, добраться до деревни Таурази, окруженной виноградниками и приобрести великолепные вина от Лонарди.

Сальваторе Молеттьери – «мольто топ»

Наше заочное знакомство с Salvatore Molettieri произошло задолго до личной встречи с Сальваторе и его винами. Наш итальянский друг Джузеппе, мнению которого мы безоговорочно доверяем, часто говорил про Таурази от Salvatore Molettieri, называя его лучшим вином Кампании.

Поэтому, выбирая винодельни в Кампании, мы не сомневались в том, что хотим посетить Salvatore Molettieri.

И вот мы на месте.

Сделав три круга по холму Монтемарано, познакомившись практически со всеми Молеттьери *(а их здесь много и все родственники)*, мы уже было отчаялись найти того самого Сальваторе, как вдруг заметили вывеску с другой стороны холма, указывающую путь к винодельне.

Отсюда открывался великолепный вид на виноградники, деревушки, холмы, необъятные просторы, обдуваемые свежим ветром. Но было пустынно, кругом ни души, винодельня закрыта. Листок на двери сообщал, что все на виноградниках и в случае чего, звонить по телефону.

В ожидании Паоло, сына Сальваторе, мы разговорились с синьором, который приехал за вином.

- *Альянико на холме Монтемарано дает превосходный результат. Мне нравятся его бархатные танины и свежесть. Я каждый день выпиваю бокал красного вина из альянико, это очень полезно для здоровья.*

Он с таким воодушевлением описывал преимущества альянико с холма Монтемарано, что создавалось впечатление, будто речь идет о бутылке дорогого вина, но оказалось длинная беседа посвящена вину в розлив.

Наконец показался Паоло, огромный здоровяк со скромной улыбкой. Поздоровавшись, он рассказал, что их четыре брата и всю работу на виноградниках они выполняют сами.

Винодельня Salvatore Molettieri появилась в 1983 году, у ее истоков стояли родители Сальваторе – простая крестьянская семья.

Сейчас Salvatore Molettieri владеет около 13 га виноградников. И производит Irpinia DOC Aglianico, Irpinia DOC Campi Taurasini, Irpinia DOC Rosso, Taurasi DOCG, Taurasi DOCG Risera, Fiano di Avellino DOCG, Greco di Tufo DOCG.

Первая бутылка Taurasi Riserva появилась в 1988 году, Сальваторе вспоминает, что в то время все было по-другому, сельскохозяйственных машин не было, все делось исключительно вручную, да и вино сильно отличалось от нынешней версии. К сожалению, того винтажа не осталось.

Сейчас вина Salvatore Molettieri отличает современный стиль с яркими фруктовыми ароматами и сдержанной «бочкой».

Безусловно, флагманскими винами Salvatore Molettieri являются вина из альянико.

В семейной собственности находится несколько крю - Vigna Cinque Querce, Ischia Piana, Renonno (виноградник, названный в честь предков), O'Calice Rosso. Все они расположены в зоне Монтемарано, на высоте 500-600 метров над у.м. Из них выделяются два.
Vigna Cinque Querce с глинисто-известняковыми почвами и 20-летными лозами, некоторые лозы достигают дофиллоксерного периода и растут на собственных корнях, этот виноградник Луиджи Веронелли назвал главным крю поместья. Renonno – глинистые почвы, возраст лоз колеблется от 5 до 75 лет, некоторые также на собственных корнях. Такой разброс возраста возник в результате постоянного обновления лоз.
На холме Монтемарано всегда дует легкий ветер, создавая естественную вентиляцию воздуха.
Винодельня поражает разнообразием бочек, пожалуй, здесь можно встретить практически все существующие типы – баррик, тонно, огромные ботти разной вместимости. После выдержки в бочках энолог Джованни – сын Сальваторе, начинает ассамблировать вина, создавая уникальный продукт от Salvatore Molettieri. Причем вина делают и в неудачный год, но производя более строгий выбор ягод.
Философия Salvatore Molettieri направлена на повышения качества вина, которое растет год от года. Но семья Молеттьери никогда не останавливается на достигнутом, не смотря на то, что их Таурази каждый год получают высший балл «три бокала» у Gambero Rosso, они всегда ищут способы сделать свои вина еще лучше, начиная работу с виноградников и заканчивая на винодельни.
Один из интересных проектов от Salvatore Molettieri построить агротуризм – маленькую гостиницу, восстановив старинную постройку, от которой открывается вид на холмы, покрытые виноградниками, где каждый желающий может провести несколько дней в окружении природы, тишины, местной кухни и великолепных вин.

Морелла (Morella) – биодинамисты из Саленто

Morella – яркий пример непохожести и уникальности в виноделии Апулии. Лиза Джилби (Lisa Gilbee) – хозяйка винодельни, родом из Австралии, там она получила престижное энологическое образование и уехала на практику на родину современного виноделия во Францию, работала в Бордо и Бургундии, потом открыла для себя итальянские вина и перебралась в Тоскану. Дальше случилась любовь к сорту винограда примитиво и молодому итальянцу из Апулии, а может быть и в обратной последовательности, в результате чего, Лиза открыла собственную винодельню в самом сердце «terra rossa» - красной земли, где рождается лучший примитиво в Апулии.

Мы посетили маленькую винодельню Morella, находящуюся в древнем городе Мандурия – столице апелласьона Primitivo di Manduria DOC.

«Моя винодельня совсем нефотогеничная, - смутилась Лиза, - но очень функциональная. Она напоминает конструктор Лего. В зависимости от процессов винификации здесь появляется то пресс, то чаны для брожения, то дубовые бочки».

Но заветная мечта Лизы построить винодельню рядом со своими виноградниками, чтобы каждый вечер любоваться заходящим за горизонт солнцем на фоне лоз. Но итальянская бюрократия уже несколько лет не дает воплотиться этой идее.

Сейчас винодельня заполнена барриками, в которых выдерживается вино, в том числе урожая этого года.

«Видите новый баррик, - Лиза показывает на запечатанную целлофаном новейшую бочку, - урожай 2012 года выдался неудачным, вино будет хрупким и легким, новый дуб может его убить, поэтому я решила в этом году не использовать его, а только старые бочки и цементные чаны». Использование бетонных чанов древняя традиция в Апулии, бетон пришел на смену большим керамическим кувшинам, в которых хранили домашнее вино с ярким фруктовым ароматом.

А цементные яйца в центре винодельни Morella больше похожи на инопланетные предметы, оказавшиеся здесь случайно.

Дело в том, что Лиза убежденный биодинамист, что является редкостью не только в Апулии, но и во всей Италии.

Яйцевидные бетонные чаны она использует для ферментации белых вин, согласно теории биодинамистов, такая форма лучше всего подчеркивает терруарность вин.

На винодельни Morella – терруарность один из самых ключевых моментов. Взять то, что дают красные с вкраплениями булыжников земли, виноградные лозы в форме корявых «кустиков» - alberello, которые признают только ручную обработку и перенести все это в вино. Именно так рождается одно из лучших вин от Morella Primitivo di Manduria Old Vines, отмеченное многими премиями, в том числе «тремя бокалами» от Gambero Rosso. На его производство идет виноград со старых лоз, возраст которых не менее 75 лет.

«Alberello – древнейшая форма лозы, которую завезли в Апулию древние греки, эти корявые, ветвистые кустики рождают лучший примитиво, но более современные шпалеры вытесняют альберелло, так как их проще обрабатывать», - объясняет Лиза.

Свои 10 гектаров виноградников в форме альберелло Лиза холит и лелеет, как детей.

Насколько это трудоемкий процесс, можно судить и по тому, что для производства одной бутылки идет виноград с трех кустиков, которые полностью обрабатываются вручную.

La Signora – отдельное крю, с которого также получается превосходное вино Primitivo di Manduria La Signora, выпускакется всего 2 тысячи бутылок в год. Old Vines выдерживается 14 месяцев в барриках из французского дуба и 18 месяцев в бутылках, La Signora – 12 месяцев в барриках, 24 в бутылках. В результате получаются вина с ароматами слив, красных фруктов, табака и специй, с бархатными танинами, округлые и полные, которые на удивление хорошо сочетаются не только с мясными блюдами, но и с горьким шоколадом.

Интересным моментом от винодельни Morella является редкий для Апулии бленд негроамаро с мальбеком, дающий питкие, фруктовые и свежие вина. «Это вино хорошо продается в Апулии, где сочетание цены и качества являются определяющим фактором», - говорит Лиза.

На вопрос планирует ли Morella увеличивать производство вина, Лиза улыбается:

«Мы производим крошечное количество *(примечание - 18 000 бутылок в год)*, но этими винами мы можем гордиться, они терруальные и вместе с тем уникальные».

Фаттория Поджерино: из самого сердца Кьянти Классико

Кьянти Классико – одна из самых известных и популярных винодельческих зон Тосканы. При въезде в нее вас встречает огромный черный петух – символ производителей Кьянти Классико.

Живописные холмы покрыты виноградниками и лесами, улицы древних деревушек вымощены булыжником. В средние века три из них образовали Лигу Кьянти – территорию производителей вина, столицей которой был городок Радда.

Это царство сорта винограда санджовезе, который чувствует себя замечательно на этих землях, но на разных почвах проявляется по-разному, что сказывается на стилях вин Кьянти Классико.

Мы направляемся в Радду, именно здесь находится маленькая винодельня Fattoria Poggerino, где производят одно из лучших Кьянти Классико в небольших количествах.

Виноградные склоны залиты солнцем, выжженная дорога пылит и ведет наверх к каменным постройкам винодельни. Первыми навстречу выходят черные петухи. Символично.

Проницательный взгляд сквозь очки, загорелые руки – Пьеро Ланца – молодой винодел, агроном и владелец Поджерино (Fattoria Poggerino). Все процессы производства, начиная с работы на виноградниках и заканчивая делами на винодельни, проходят при его непосредственном участии.

«Вино начинается с виноградника, это его основа и задача винодела раскрыть терруар», - говорит Пьеро.

Виноградники, расположенные на высоте 400-500 метров над уровнем моря, занимают 11 га, большая часть отведена под сорт санджовезе. Каменистые почвы создают отличный дренаж, а благодаря идеальному микроклимату из санджовезе получаются долгоживущие вина.

Особенный виноградник – Буджалла (Bugialla), здесь в лучшие годы рождается топовое вино Chianti Classico Riserva "Bugialla" от Fattoria Poggerino. На него идут отборные ягоды, выдержка в больших бочках (400 литров) в течение 24 месяцев, затем 12 месяцев в бутылках. Производят всего лишь 8 тысяч бутылок, внутри которых скрываются фруктов-цветочные ароматы с минеральным тоном. Вино элегантное, тонкое и изысканное.

Визитная карточка – Chianti Classico – вино с характером, очень терруарное, яркое и обволакивающее, фруктовое и женственное. Оно проводит год в баррике, а затем отдыхает какое-то время в бутылке.

Пьеро оказался любителем игристых вин, переняв некий опыт виноделен Шампани, он решил провести «игристый» эксперимент на собственной винодельни. Пока еще рано говорить об успехах, но можно пожелать удачи.

Для Fattoria Poggerino самое большое сокровище - родная земля, бережное и трепетное отношение к ней подтолкнуло Пьеро на создание био-вин.

«За биотехнологиями и био-продуктами – будущее», - уверен винодел.

«Главное не вмешиваться в природные циклы, ничего искусственно не стимулировать и вино возьмет все из земли само. С сорняками можно бороться вручную, а с паразитами – био-методами, при ферментации использовать только автохтонные дрожжи».

Рядом с виноградником возвышается древняя церковь, а за ней симпатичная каменная постройка – это сельская гостиница, которой занимается сестра Пьеро Бенедетте Ланца. На зеленой лужайке установлены шезлонги, где постояльцы наслаждаются бокалом Кьянти, пока Бенедетте готовит на ужин блюда тосканской кухни. Паста под соусом из кабана подойдет к Chianti Classico, а бифштекс по-флорентийски к Chianti Classico Riserva "Bugialla".

Маленький уголок идиллии с убегающими вдаль кипарисами, приветливым солнцем Тосканы и самым знаменитом вином Кьянти Классико.

Казанова ди Нери (Casanova di Neri)

Монтальчино – маленькая деревушка на высоком холме, окруженная виноградниками, родина великого итальянского вина Брунелло ди Монтальчино.

Вино мощное, сложное и долгоживущее и вместе с этим очень терруарное и характерное.

В 1971 году Джованни Нери основал винодельческое хозяйство, назвав его Новым Домом семьи Нери – Casanova di Neri. Его привлек терруар Монтальчино, который в то время еще был не столь престижным и известным, но винодел умел предвидеть будущее и почувствовал потенциал территории. С 1991 года винодельней руководит Джакомо Нери, сын Джованни.

Джакомо расширил семейные владения, найдя новые, интересные и уникальные виноградники. Сейчас лозой занято около 60 гектаров в разных подзонах и производится достаточно широкая линейка вин, в год выпускается около 200 тысяч бутылок.

Джакомо любит говорить: *«Мы большие среди маленьких виноделен и маленькие среди больших»*.

Действительно, гамма вин от Casanova di Neri может удовлетворить любой вкус и подойти к огромному количеству разных блюд.

Винодельческая философия хозяйства заключается в бережной работе на виноградниках и создании вина с собственным характером. Математические формулы успеха от Джакомо Нери выглядит так: «70% терруар плюс 30% руки винодела» и «одна виноградная лоза равна одной бутылки».

Главное место среди вин занимает Брунелло ди Монтальчино. Casanova di Neri производит три типа Брунелло.

Брунелло с белой этикеткой – традиционное базовое вино, элегантный крепыш с яркими ароматами красных фруктов и ягод, минеральным тоном и длительным послевкусием. Вино выдерживают в больших бочках из словонского дуба в течение 45 месяцев, затем 6 месяцев в бутылках. Виноград на производство «белой этикетки» идет с самых старых виноградников хозяйства. Первый винтаж 1978. Сейчас в год выпускается 70-90 тысяч бутылок.

Брунелло Tenuta Nuova рождается с виноградников, расположенных на юге от Монтальчино. Вино выдерживают в бочках в течение 27-36 месяцев, затем год в бутылках. Это напористое, мощное и полнотелое вино с ягодно-минеральными ароматами.

Брунелло Cerretalto – топовое вино Casanova di Neri, уникальное и самое премиальное вино с отдельного виноградника.

«Таких виноградников больше нигде в мире не существует, здесь санджовезе проявляется свои лучшие качества», - объясняет Джакомо.

Виноградник Cerretalto представляет собой естественный амфитеатр у реки Acco с особенным микроклиматом, здесь культивируют лучшие, отобранные лозы. Вулканические почвы богаты железом и магнием. Выдерживают вино в маленьких дубовых бочках больше 2 лет и не менее 24 месяцев в бутылках. В плохой год (например, 2002 был таким) вино не делают. Брунелло Cerretalto обладает ярким и независимым характером, в ароматах переплетаются спелые фрукты, табак, шоколад и лавровый лист. Долгое, практически бесконечное послевкусие.

Вино производится с 1995 года.

Винтаж 2007 удостоился 100 баллов от Wine Enthusiast, другие престижные винные справочники также всегда высоко оценивают Брунелло Cerretalto. Немного коснемся других вин Casanova di Neri.

PietradOnice – виноградник, разбитый на месте древней шахты по добыче оникса. Каберне совиньон здесь обладает потрясающей свежестью и минеральностью, одноименное сортовое вино получается яркое, живое, смородиново-перечное.

«Я считаю, что Rosso di Montalcino это не второе вино, а самостоятельное, молодое Брунелло», - говорит Джакомо. В бокале открываются ароматы красных фруктов и специей, бархатные танины обволакивают нёбо. «Молодое Брунелло» отлично подходит под мясные блюда, питкое и гастрономическое, хороший выбор для воскресного обеда.

А на каждый день существуют IlRosso и IlBianco: красное из санджовезе и колорино и белое из верментино и греккето. Оба вина свежих, питких и ярких. От винодельни открывается вид на холм, увенчанный деревней Монтальчино, которую стоит посетить и прогуляться по ее узким средневековым улочкам. Мини-поле с расчерченными линиями и крышками люка является крышей винодельни. Не удивляйтесь, все помещения расположены под землей и не закрывают великолепную панораму.

Кроме того, это позволяет использовать силу тяжести в процессе производства вина. «На крышу» виноград привозят во время сбора урожая, сортируют, отбирают и под действием гравитации ягоды падают вниз в нержавеющие чаны, где проходит ферментация при контролируемой температуре. Бочки находятся уровнем ниже.

Температура в винодельни поддерживается естественным образом.

После отдыха в бутылках, вино поднимается наверх и экспортируется во многие страны мира, в том числе и Россию.

7 разных вин, которые абсолютно не похожи друг на друга, которые отражают особенности почв, микроклиматов, разнообразие виноградников и бережную работу на винодельни Casanova di Neri.

Фаусто де Андреис – «рыцарь Крестового похода»

Вина Лигурии – «темная лошадка», их не найти в России, да и в Италии за пределами региона днем с огнем не сыщешь.

Вина производят небольшое количество, под виноградной лозой всего лишь 5 тысяч гектаров, виноделы изолированы, виноградники крохотными заплатками ютятся на крутых склонах, консорциума нет. Но лигурийские вина существуют! Они редкие, с уникальным характером, впитавшие в себя ароматы Средиземноморья, дышащиеся соснами и оливками.

В начале октября только начинает чувствоваться осень, но еще по-летнему тепло и солнечно.

Выбирая интересную винодельню для посещения в Лигурии, я наткнулась на статью «Вино Спигау – Крестовый поход». Что за винные войны в XXI веке? Кто будет воевать с сортом пигато, который дает свежие и ароматные белые вина, гордость Лигурии, которые хорошо пить молодыми, особенно с морепродуктами и рыбными блюдами? С этим было решено разобраться на месте.

Le Rocche del Gatto – маленькая семейная винодельня, расположенная недалеко от курортного города Альбенга в винодельческой зоне Riviera Ligure di Ponente DOC, которая славится, в первую очередь, сортом винограда пигато.

Руководит винодельней Фаусто де Андреис – бунтарь, экспериментатор и талантливый винодел.

Начав свою карьеру с первых компьютеров Olivetti, с 70-х гг. прошлого века, Фаусто решил посвятить дальнейшую жизнь виноделию.

Со временем Фаусто понял, что легкое и приятное вино из пигато это не для него, его цель – это серьезное вино со сложным ароматом, способное храниться годами и эволюционировать.

«Крестовый бой» начался борьбой с компаньонами, в итоге Фаусто остался один, но не сдался. «Надо проводит мацерацию пигато по красному методу, экспериментируя с длительностью, искать оптимальное количество дней».

Длительная мацерация обогащает вино ароматами и танинами. При слепой дегустации оно может сойти за красное вино. Так родилось уникальное вино Spigau (Спигау), которое в 1995 году не прошло экзамен для категории DOC, его нашли слишком полнотелым и темным для белого вина.

Но Фаусто опять не сдался, назвав свое вино Spigau Crociata (crociata – по-ит. крестовый поход, т.е. поход против бюрократической системы DOC).

«Не важно, что написано на этикетке, главное, что внутри», - говорит Фаусто.

Вертикальная дегустация, которую провел для нас Фаусто, подтверждает его слова.

Белое вино из Лигурии способно хранится более 10 лет, оставаться свежим, ярким и эволюционировать.

Спигау – это кусочек яркого итальянского солнца в бутылке, наполненный ароматом сухих цветов, меда, спелых фруктов, специй и бальзамических ноток, при этом вино сухое, нет ни малейшего намека на сладость. Спигау – вино для медитаций, которое в серый и дождливый московский день, способно перенести на теплое побережье, там, где серебристые оливы спускают со склонов, а волны набегают на каменистые берега.

Мастробернардино (Mastroberardino): Винодельческий миф Кампании

Mastroberardino – историческое винодельческое хозяйство в Кампании, входящее в тройку крупнейших производителей региона.

Еще 20 лет назад о винах Кампании никто и не слышал, но за эти годы произошли разительные перемены и о винах этого южного региона Италии заговорили как о высококачественных, великих и имеющих большой потенциал развития.

Первая винодельческая зона высшей категории на юге Италии Taurasi DOCG появилась в 1993 году.

А первая бутылка Taurasi DOCG была произведена Mastroberardino.

Но история винодельческого хозяйства началась значительно раньше. В 1750 году уже производил вина известный в то время винодел Пьетро ди Берардино, а чуть позже Пьетро получил титул «Mastro», т.е. мастер. И вина стали называть от Мастроберардино.

Годом официального рождения винодельческого хозяйства Mastroberardino считается 1876, когда кавалер Анджело Мастроберардино официально зарегистрировал марку. Сейчас эта дата украшает герб виноделов, флаг и бочки для выдержки вина.

Столь древняя дата основания вполне объяснимо является семейной гордостью: большинство виноделен Кампании молодые и не имеют древних корней.

Винодельческое хозяйство Mastroberardino быстро стало легендой и мифом, подняв качество вин Кампании на новый уровень и став примером для других виноделов.

Сейчас компанию возглавляет Пьеро Мастроберардино, правнук Анджело. Общая площадь виноградников Mastroberardino занимает 350 га, из них 200 га находится в собственности, остальные обрабатываются под четким контролем и руководством.

Одной из главных заслуг винодельческого хозяйства является возрождение автохтонных сортов – греческого наследия Кампании, среди которых альянико, фиано, греко.

Винодельни расположены в разных зонах производства региона, так как гамма вин очень широкая, а закон разрешает производить все процессы винификации в четко ограниченной области.

Mastroberardino – важнейшее винодельческое хозяйство Кампании, но они никогда не останавливаются на достигнутом, всегда в динамике, в поиске нового, ставят эксперименты, возрождают старые клоны, думают о развитии энологического туризма в Кампании.

Нам посчастливилось не только совершить экскурсию на винодельню и прогуляться среди виноградников Мирабеллы Эклано, но и побеседовать с Пьеро Мастроберардино.

Пьеро нас встретил в своем кабинете, более похожим на художественный музей или библиотеку. Стены украшены пастельными рисунками хозяина, на полках стоят книги в старинных переплетах, изысканный интерьер так не вязался со спортивным поло Пьеро и его простой манерой общения.

- Пьеро, вы давно работает с Россией. Как вы оцениваешь эту работу? Является ли Россия для вас важным партнером?

- С Россией мы работаем 10 лет, сначала работали с одним импортером, когда он стал «слишком крупным», пришлось поменять партнера на более комфортного.

Россия для нас это важный рынок качественных вин. В основном речь идет о Москве и Петербурге. Я сам несколько раз бывал в России и проводил дегустации для сомелье, рестораторов и специалистов винной области. Наибольшим спросом пользуются наши три топовых вина, особенно Таурази Радичи (Taurasi Radici).

- Раз речь зашла о Таурази, скажите, с чем связано его название «радичи» (в переводе с итальянского «корни»)?

- Да, название символично. В 80-е гг. в Кампании было мощное землетрясение, которое принесло много разрушений и бед. Сильно пострадала зона, где находятся наше хозяйство и виноградники. Винодельня сохранилась, но была в плохом состоянии.

В этом время мы особенно остро почувствовали связь с землей, корни, которые не разрушить и не разрубить.

Поэтому наше вино носит имя Радичи, чтобы показать, что никакие природные катаклизмы не разорвут эту связь.

- Трогательно и грустно, но показывает силу вашего характера. Скажите еще несколько слов о ваших лучших белых винах Фиано ди Авеллино Радичи и Греко ди Туфо Новасерра, происходящих с отдельных виноградников

(крю).

- В России больше любят Греко ди Туфо, хотя это вино более простое. Фиано – более важное вино для Mastroberardino, я бы назвал его мистическим.

- Как вы оцениваете потенциал Vesuvio DOC?

- Это исторически важная зона. Здесь много автохтонных сортов, не таких как в Ирпинии, поэтому она интересна хотя бы этим. Вина с Везувия, как правило, не долгоживущие, но легкие, приятные, питкие, с минеральным характером. Но для продвижения вин Везувия не хватает рекламной компании, коммуникаций. Это основная проблема.

- А что важно для продвижения вин Кампании в целом?

- Вина Кампании – это перспективные вина. Они свежие, минеральные, долгоживущие, элегантные и терруарные. Это все свойственно и винам Mastroberardino, которые произведены в современном стиле.
Виноделие Кампании имеет древнюю историю, греки завезли лозы и делали вино много веков назад. Во времена Древнего Рима Кампания была элитным курортом, богатые римляне строили великолепные виллы на побережье, климат, природная красота, вкусная еда и вина.
Другая важная составляющая – средиземноморская диета, которая популярна во всем мире. Основанная на здоровом и сбалансированном питании, она идеально сочетается с винами Кампании.
Если говорить о Mastroberardino, то существенным плюсом является и древняя фамилия, традиции виноделия, которые передавались из поколения в поколения.

- Пьеро, вы художник, поэт, винодел. Как все это уживается в одном человеке?

- Все это искусство, а искусство для меня убежище, где я нахожу баланс между разумом и эмоциями.

Тяга к прекрасному мне досталось от отца, он – большой поклонник искусства, коллекционер, тонкий ценитель литературы. Особую гордость его коллекции составляет библиотека старинных книг.

Кстати, я тоже написал роман, философские рассуждения о внутреннем мире человека, его каждодневные радости, горести, мысли.
Я много путешествую по работу (Пьеро занимается продвижением вин Mastroberardino на зарубежных рынках) и во время длительных перелетов коротаю время написанием стихов и своих мыслей, которые складывают в более объемные произведения.

Как все уживается? Главное делать с душой, тогда все получится!

После встречи с Пьеро Мастроберадино, нашим внимаем завладел Массимо Ди Ренцо – энолог винодельческого хозяйства.

Он показал процессы производства, «лабораторию» с мини-чанами, где проводятся энологические эксперименты и исследования.

Все белые вина от Mastroberardino выдерживаются только в нержавеющих чанах, исключение составляет лишь фиано More Maiorum, прошедший дуб.
Для выдержки красных вин используются бочки разных размеров, это и баррики из французского дуба и большие ботти и другие. Простор для творчества винодела и свобода в рамках закона.

С 2007 года Mastroberardino производит пассито, полученное с участием благородной плесени Ботритис цинереа. Благородная плесень – капризное создание, поэтому и подход особый, начинающийся с поиска подходящего для виноградника места и отбора ягод.

Другое редкое вино от Mastroberardino – Redimore Irpinia DOC - альянико из старых лоз, растущих в Мирабелла Эклано. У альянико существуют множество клонов, это вино, произведено из клона, носящего имя Антонио Мастроберарбино, который сделал очень многое для возрождения автохтонных сортов Кампании и всего виноделия юга Италии. Сразу после второй мировой войны он начал производить вина из местных сортов, несмотря на то, что многие из них были на грани вымирания.

Еще одно вино из старых лоз Historia Naturalis Irpinia IGT, также произведенное из альянико, лозы которого насчитывают 40 лет. Любопытна его этикетка: из брюха быка, который является символом мужества рождается женщина, олицетворяющее плодородие. Это дает четкую ассоциацию, что вино является кровью земли.

Подвалы Mastroberardino представляют собой арт-галерею, сводчатые потолки, которой расписаны фресками. Бахус устраивает веселые вакханалии, сопровождающиеся распитием вина. Сатир хитро подмигивает и протягивает кубок с рубиновым напитком. Девушки, увитые лозами, танцуют. Мифология переплетается с реальностью и уводит в мир фантазий, который создали талантливые художники, расписавшие своды подвалов.

Семейный резерв Mastroberardino составляется внушительное число бутылок, самая старая датируется 1928 годом (Таурази), говорят, что это вино еще живое и яркое. К сожалению, удостовериться в этом не удалось.

Смотрим на полки: Fiano di Avellino 1982, Lacryma Christi 1965, Lacryma Christi 1984, Taurasi 1983, Taurasi Riserva 1978, ... Вина от Mastroberardino отличаются долголетием.

Виноградники в Мирабелла Эклано являются ядром винодельческого хозяйства Mastroberardino.

Альянико и фалангина покрывают холмы и поднимаются на высоту 400 метров над у.м.

Здесь находится питомник редких лоз. Каждая лоза помечена табличкой с краткой «биографией» и годом посадки. Возможно, через несколько лет какая-нибудь из этих лоз даст новое великое вино Кампании.

На винодельни в Мирабелла Эклано есть все необходимое для эногастрономических туристов. Винный бар с винами от Mastroberardino, ресторан с отличной местной кухней, гольф-клуб. Оазис, где можно насладиться правоходными блюдами, винами и окружающей природой.

Феуди Сан Марцано (Feudi San Marzano)

Апулия – южный регион Италии, занимающий высокий «каблук сапожка». Два моря – Ионическое и Адриатическое обнимают Апулию и встречаются поцелуем в самой восточной точке Итальянского полуострова.

Это край чистейших пляжей и древнейших винодельческих традиций. Когда на месте Рима лениво паслись овцы, древние греки основали на землях Апулии свои колонии. Вместе с философией, искусством и другими полезными в повседневной жизни знаниями, они привезли и виноградные лозы. Греческие сорта до сих пор культивируются в Апулии, а форма виноградной лозы в виде кривого, скрученного и своенравного кустика – alberello считается лучшей.

Деревушка Сан Марцано находится в южной части Апулии, в Саленто, на красной земле, богатой железом, которая рождает лучший примитиво – сорт, являющийся символом возрождающегося апулийского виноделия. Вокруг Сан Марцано расположены виноградники, из которых 500 га входят в Феуди Сан Марцано.

Феуди Сан Марцано – корпоротивное винодельческое хозяйство, нацеленное занять ведущее место в производстве вина на юге Италии. Уже сейчас Феуди Сан Марцано входят в двадцатку крупнейших винодельческих хозяйств страны, при этом качество играет основную роль. Нашим гидом по владениям *(феуди – владения)* стала обаятельная Валентина Антонини

Валентина объяснила, как работает гигантский механизм и как современные винификационные технологии сочетаются с древними традициями.

Философия Феуди Сан Марцано основана на сохранение автохтонных сортов, при этом вина выпускаются в современном стиле. Оборудована винодельня по последнему слову техники, новшества, помогающие процессу здесь любят.

Несмотря на то, что качество винограда контролируется на всех этапах, основная сортировка проходит во время сбора урожая, когда механическая рука проверяет привезенный виноград и определяет его дальнейшую судьбу. Лучший пойдет на производство престижной линии, для нее все самое лучшее – мягкий пресс, горизонтальные чаны нового поколения для ферментации, новые бочки для выдержки.

Знаковым лучшим вином винодельни Феуди Сан Марцано является "Sessantanni" Primitivo di Manduria DOC (100% примитиво), для производства этого вина используют 60-летние лозы, которые растут в форме альберелло и требуют исключительно ручной заботы. Выдержка 12 месяцев в барриках из французского и американского дуба, в результате получается полнотелое, мощное вино с бархатистыми танинами и хорошей кислотностью, ароматами темных фруктов и специй.

Другое важное вино – Negroamaro Salento IGT (100% негроамаро). Для него также используют старые лозы, выдержка 1 год в барриках из французского и кавказского дуба. Вообще кавказский дуб используется не часто, но виноделы из Феуди Сан Марцано считают, что он идеально подходит для негроамаро и дарит этому горьковатому сорту (амаро – горький) сладость. Условно вина из примитиво называют «мужественными», в том время, как вина из негроамаро – «женственными», они обладают шелковистыми танинами, округлой сладостью, ароматами темных засахаренных фруктов, ванили.

Феуди Сан Марцано открыты для экспериментов. Они используют два различных погреба: один – узкий, высоченный среди камней с естественной температурой и влажностью, которые контролируют не люди и механизмы, а известняк.

Другой погреб – традиционный с контролируемой температурой и влажностью. Плотными рядами здесь стоят баррики из французского, американского и кавказского дуба. Кое-где можно заметить глиняные кувшины – это декоративные элементы и память о тех временах, когда производимое дома вино хранили в таких сосудах, закатав сверху цементной крышкой. Сейчас на смену глиняным кувшинам пришли бетонные ванны, их используют для производства молодых, фруктовых и свежих вин.

Говоря о вина Апулии, нельзя не упомянуть розовые вина, в производстве которых у Апулии нет равных в Италии.

У розовых вин Феуди Сан Марцано, полученных методом короткой мацерации, богатые фруктовые и солнечные ароматы летнего дня, а насыщенный цвет, который ближе к бледным красным винам, чем к розовым, создает атмосферу южного праздника, где все ярче, сильней и чувственней.

Но, если розовые вина – это традиция, то игристые скорее редкость на юге Италии.

Здесь Феуди Сан Марцано выступают в роли новаторов, производя второй год игристое вино классическим методом.

Пока это только эксперимент, но на винодельне о нем говорят, как об успешном начинании, хотя сортовой состав еще и не утвержден окончательно.

Но главное, что отличает вина Феуди Сан Марцано – сочетание цены и качества.

Во всем мире спрос на апулийские вина растет, Россия пока еще не распробовала вина этого южного итальянского региона. Наши туристы не доезжают до бескрайних пляжей, яркого солнца, разнообразной кухни и культурных достопримечательностей Апулии, чтобы по возвращению домой холодными вечерами вспоминать о природных красотах с бокалом прекрасного вина, но не за горами тот день, когда и наши потребители откроют для себя апулийские вина и поймут, что качественные напитки необязательно стоят дорого, надо просто знать имена, названия, пароли и явки, с которыми мы с вами всегда делимся.

Tormaresca (Тормареска)

Тормареска – крупная винодельческая компания в Апулии, рассказ о которой обычно начинают с сообщения о том, что она была основана маркизом Антинори, известным потомственным виноделом из Тосканы.

В 1998 году Антинори решили вложить средства в апулийскую землю, солнце, климат, историю и вина, в итоге родились две винодельни – Бокка ди Лупо (Bocca di Lupo) на севере Апулии и Массерия Маиме (Masseria Maime) на юге. Но, несмотря на то, что финансы тосканские, люди, земля, знания и вина на сто процентов апулийские, этим гордятся и любят подчеркивать виноделы Тормареска.

Мы посетили винодельню Бокка ди Лупо, находящуюся в коммуне Минервино Мурдже в винодельческой зоне Castel del Monte DOC. Свое название винодельческая зона берет от реально существующего замка, возведенного в XIII в. императором Фридрихом II, который любил охотиться в этих краях.

Замок полон тайн и загадок и находится под охраной ЮНЕСКО, но нас больше интересуют виноградники, которые окружают древние стены. Среди них бомбино бьянко, альянико, неро ди тройя, шардоне, каберне блан и другие. Еще в 1969 году английский путешественник и писатель Генри Мортон писал:

«Впервые я попробовал «Кастель-дель-Монте», вино, выращенное рядом с любимым охотничьим домиком Фридриха II. Я решил, что оно – самое лучшее вино Апулии».

Статус DOC зона получила одной из первых в 1971 году.

Виноградники винодельни Бокка ди Лупо занимают 140 гектаров на высоте 250 метров над уровнем моря и покрывают живописные холмы, создавая иллюзию волнующегося моря, которое разрезают редкие проселочные дороги и возвышающиеся полуразрушенные постройки, сложенные из камней без использования цемента.

«Бокка ди Лупо» - в переводе с итальянского означает *«пасть волка»*, так называются земли, на которых расположена винодельня. Возможно, когда-то здесь охотники преследовали добычу, с тех пор и сохранилось «звериное» название.

Винодельня из белоснежного туфа величественно возвышается на холме и своим видом напоминает старинную укрепленную усадьбу, которые строили в этой части Апулии богатые землевладельцы, чтобы защищать свои владения от вражеских нападений.

Картину дополняют ворота с решеткой и два лохматых пса, которые после знакомства оказались добродушными и ласковыми дворнягами.

Нашими гидами по винодельни стали менеджер по связям с общественностью Мария Толентино Дебеллис и главный исполнительный директор Пеппино Палумбо, коренные апулийцы, влюбленные в свою землю, историю, гастрономию, традиционные сорта винограда и местные вина.

Винодельня Bocca di Lupo оснащена по последнему слову техники, ручной труд используется не только при сборе винограда, но и сортировке, когда каждая ягода отбирается заботливой и строгой рукой, мягкие прессы имитируют работу человеческих ног.

В сводчатых подвалах из белого туфа при контролируемой температуре и влажности хранится около тысячи дубовых бочек. При строительстве подвала одну стену оставили необработанной, чтобы видеть туфовые почвы типичные для этой части Апулии.

На бочках красуется надпись «био».

«Tormaresca производит био-вино? Это сюрприз для нас». Мария и Пеппино улыбаются:

«Да, все наши вина биологические. Мы стремимся жить в гармонии с окружающей природой, даже установили на террасах солнечные батареи, чтобы меньше загрязнять окружающую среду и быть автономными».

С террасы на втором этаже открывается великолепный вид на виноградники, в стороне виднеются очертания вулкана Вультуре, находящегося уже в Базиликате, но оказывающего сильное влияние на состав почвы в Castel del Monte DOC.

Терраса манит выйти с бокалом вина из альянико, конечно же, от Tormaresca и поговорить о великом сорте, завезенным древними греками, который дарит вину мощь, округлость, глубину и элегантность. Альянико – любимая тема Пеппино, тем более, что он является председателем союза виноделов из сорта альянико и считает, что будущее севера Апулии за этим сортом. Вполне возможно, что так и будет, в любом случае, нельзя не согласиться, что альянико рождает великие вина юга Италии, которые могут составить достойную конкуренцию свои северным собратьям.

На втором этаже винодельни находятся изысканные комнаты для дегустаций, кабинеты и залы со старинными интерьерами.

Для требовательных эногастрономических туристов Tormaresca предлагает три комнаты, выполненных в традиционном апулийском стиле, где можно пожить несколько дней наслаждаясь тишиной, климатом и вкусной едой.

Вообще, философия Tormaresca: вино – это общение, которое объединяет людей.

Поэтому Bocca di Lupo – это оазис культуры, развлечения и обучения среди виноградников.

На современной оборудованной кухни лучшие шеф-повара проводят мастер-классы, но, если вы не блещите кулинарными талантами, тогда апулийскую кухню можно отведать в одном из лучших ресторанов Апулии Antichi Sapori, специализирующегося на здоровой пище Slow Food.

Улыбчивый здоровяк Пьетро Дзито – шеф-повар и вдохновитель идеи создать ресторан «натуральной» кухни, используя овощи, выращенные на собственном огороде рядом с рестораном.

Лучшие ингредиенты, свежие сыры, безупречные овощи, нежнейшее мясо, домашняя паста – основные составляющие апулийской кухни в Муржии, которая богата витаминами, белками и клетчаткой и отлично сочетается с апулийскими винами.

Пьетро Дзито возвел в культ дары земли и природы. Хрустящая брускетта с ароматным оливковым маслом, посыпанная базиликом, сладкий лук, чуть прихваченный огнем, тающая во рту запеканка из цукини, «пружинки» со шпинатом – огромный выбор овощных блюд, рай для вегетарианца. А нежнейший ягненок и сочная обжаренная колбаска с бокалом Торчикоды сведут с ума любого любителя мясной кухни.

Мой личный выбор – свежая рикотта с кусочками сельдерея и деликатным соусом, которая составляет идеальную пару с белым вином Пьетробьянка от Тормареска.

Но даже долгий апулийский обед имеет обыкновение заканчиваться, оставляя в памяти ароматы и вкусы разнообразной, легкой и здоровой еды, великолепных вин и радость общения с открытыми и дружелюбными жителями Апулии. Ведь вино – это мостик, который соединяет людские сердца и преодолевает расстояния, а Морская башенка (Tormaresca в переводе «морская башня») следит, чтобы никакая житейская буря не сломала его.

Маркизы Антинори в Кьянти Классико

Антинори - одно из самых громких и влиятельных имен в итальянском виноделии. Каждая бутылка, на этикетке которой написано Antinori является гарантией качества, обладает собственным стилем и заключает в себе огромный пласт истории семьи виноделов, которая началась в XIV в. Тоскана – родина великих вин Италии, на ее землях выращивают виноград и создают вино тысячи винодельческих хозяйств, но не многие из них могут похвастаться столь древней историей.

В 1385 году Джованни ди Пьетро Антинори стал членом Гильдии Виноделов города Флоренции, с тех пор 26 поколений передавали опыт и мастерство. Сейчас управляет винодельческим хозяйством Пьеро Антинори, в этом ему помогают три дочери Албьера, Алегра и Алессия.

Пьеро любит повторять: «Древние корни, традиции и уважение к родной земле играют большую роль в нашей работе. Но не менее важны инновации».

Семья Антинори владеет виноградниками в Тоскане, Умбрии, Апулии, Пьемонте, Ломбардии, а также за пределами Италии – в Калифорнии, Венгрии и Чили.

Мы хотим рассказать о новой винодельни Антинори в Кьянти Классико. В зоне Кьянти Классико уже существовало три винодельни – Tenuta Peppoli, Tenuta Tignanello и Tenuta Badia a Passignano.

Новая винодельня (Nuova Cantina Antinori nella Chianti Classico) была открыта в октябре 2012 года и стала центральным звеном, отправной точкой, для того, чтобы показать и рассказать, как рождается вино и как крепки его связи с землей.

Кьянти Классико – родная территория семьи Антинори, поэтому разместить грандиозную винодельню было решено именно здесь.

Строительство велось 7 лет, за это время на месте заброшенных виноградников, выросло плавно-изогнутое здание, напоминающее космический корабль.

В нем разместились помещения для процессов винификации, погреба с бочками, ресторан, маленький музей, а также офисные службы, которые переехали из семейного дворца во Флоренции.

Красно-кирпичный винодельческий комплекс, выполненный исключительно из тосканских материалов, мог бы служить местом для проведения арт-выставок. Неприметный снаружи, он гармонично сливается с окружающими пейзажами, и раздвигает пространство внутри, создавая ощущения объема и давая возможность увидеть все процессы производства вина. Панорамная терраса, с которой открывается вид на молодые виноградники, спускающиеся с холма, украшена винтовой лестницей из рыжего сплава.

Здесь выращивают санджовезе, немного каберне совиньон и каберне фран, несколько лоз канайоло, чильеджоло, колорино и мальвазия нера являются скорее данью памяти древним тосканским сортам. Антинори в Кьянти Классико производят четыре вина:

Villa Antinori Chianti Classico

Marchese Antinori Chianti Classico Riserva

Peppoli Chianti Classico

Vinsanto del Chianti Classico

Винодельня была сконструирована так, чтобы процессы винификации проходили под действием силы тяжести, без механических насосов, что позволяет избежать травматических действий с виноградом. В результате вино получается сбалансированным, элегантным с бархатными танинами.

В просторных погребах находится около двух тысяч бочек в основном из венгерского дуба. Стены выложены терракотовой плиткой без использования цемента. Бочки не соприкасаются ни со стенами, ни с полом, это обеспечивает хорошую циркуляцию воздуха.

Примечателен постоянно повторяющийся декор в виде треугольников. Его можно назвать тосканским мотивом, в стенах домов, выложенных таким образом, любят уединяться голуби.

Незаметная дверь с надписью «Винсантайя» – это место для производства престижного сладкого вина из Тосканы. Вино Винсанто семья Антинори создавала всегда.

Виноград треббьяно и мальвазия после сбора оставляют в ящиках, где происходит заизюмливание. Виноград теряет жидкость, концентрирует в себе ароматы и сахар. Так из 3 кг свежего винограда получается 1 кг заизюмленного, который идет на производство Винсанто. Выдерживают будущее вино в маленьких дубовых бочках не менее 3 лет.

В результате получается яркое и солнечное вино с ароматами сухофруктов, орехов и достаточно высоким содержанием алкоголя.

Интересно заглянуть в семейный музей, где собрана коллекция живописи, скульптуры, документы, относящиеся к разным векам и связанные с Антинори.

В центре доминирует гигантский пресс для винограда, собранный по чертежам Леонардо да Винчи. Четыре человека могли бы привести этот механизм в движение, но страшно представить, сколько бы он наделал шума.

На крыше винодельни находится ресторан, названные в честь родоначальника династии Антинори – Ринуччо 1180. Было бы здорово здесь встретить закат с бокалом вина, только вот кухня закрывается в 16-00.

Отдельного упоминания заслуживает магазин, где представлены все вина от Антинори, в том числе легендарное Tignanello – Кьянти Классико «эпохи Возрождения итальянского виноделия» и Solaia – престижная супертоскана, из любопытного – сортовой рислинг из Тосканы с легкими нефтяными нотками, тосканское игристое классическим методом и «итальянский сотерн» также из Тосканы.

Антинори в Кьянти Классико – единственная из многочисленных виноделен Маркизов Антинори открытая для посещения публики. Первыми удостоились визита местные жители, которым в течение нескольких лет пришлось терпеть строительные работы и изменения привычного ландшафта. Сейчас совершить экскурсию на винодельню может каждый желающий, забронировав дату на сайте.

Аполлонио (Apollonio)

Аполлонио – семейная винодельня, производящее вино уже четыре поколения на землях Саленто.

Начало их истории обычное для виноделов Апулии – производство виноматериала для северных соседей.

До сих пор сохранился огромный цементный лабиринт под землей для «вина-полуфабриката», размеры которого позволяют судить о масштабах производства винного моря Апулии.

Сейчас часть лабиринта превращена в своеобразный музей истории местного виноделия, где в полной мере ощущаешь себя крохотной лодочкой, способной утонуть или захлебнуться, если представить бетонные комнаты, до верха заполненные вином и понимаешь, что за последние 20 лет Апулия сделала большой шаг вперед.

Изменения для Apollonio наступили в 90-х гг. прошлого века, когда винодельней стали управлять два брата Марчелло и Массимилиано Аполлонио. Они изменили философию винодельни, выбрав качество, а не количество. Массимилиано получил энологическое образование в Локоротондо (Апулия), он консультирует разные винодельческие хозяйства не только в Италии, но и во Франции, Испании.

Он уверен, что главное – это руки винодела, его умение почувствовать будущее вино, а также дружба вина с дубовые бочками.

Так, топовое вино Apollonio – vigna Vitrilli grande (50% примитиво, 30% алеатико, 20% негроамаро) выдерживается в больших бочках из французского дуба 6 лет и еще 1 год в бутылках. В итоге получается медитативное вино с богатыми ароматическими нюансами, способное хранится долгие годы, но и цена достаточна высока.

Вообще вина Apollonio – долгожители, если потенциал хранения большинства апулийских вин 10-12 лет, то самый старый винтаж у винодельни Apollonio 1993 года находится на пике своего развития и может храниться еще долгие годы.

Apollonio придерживаются классического стиля в виноделии и чтят апулийские традиции. Апулийцы (как и все итальянцы) ярые поклонники родных мест, которые гордятся своей землей и своими соотечественниками, не остались в стороне и братья Аполлонио. Ими была учреждена ежегодная премия Аполлонио, которой награждаются апулийцы, ставшие известными за пределами своего региона, но не утратившие корни и связь со своей малой родиной.

Редкие сорта винограда

Сузуманьелло – «груженный ослик»

Я испытаю страсть к редким сортам винограда и как охотница, выискиваю в каждом регионе Италии сортовые вина из уникальных и необычных сортов.

Во время нашей поездки по Апулии у меня была цель попробовать сортовые вина из сузуманьелло и бомбино бьянко.

Все оказалось не так просто. Винотеки были забиты всевозможными винами из примитиво и негроамаро, но вин из сорта со смешным названием не наблюдалось, а продавцы лишь качали головой.

Но удача улыбнулась и мне удалось продегустировать два абсолютно разных по стилю вина из сузуманьелло.

Но сначала немного теории.

Сузуманьелло – редкий автохтонных сорт красного винограда из Апулии, получивший распространение в Саленто.

Точное происхождение неизвестно, но скорее всего он перебрался в Апулию из Далмации.

Анализ ДНК показал, что сузуманьелло состоит в родственных отношениях с санджовезе.

Сложно произносимое название имеет забавное объяснение: «сузуманьелло» на местном диалекте – груженный осел, в первые 10 лет виноградная лоза сильно плодоносит, чем напоминает ослика, потом количество винограда снижается. Раньше сузуманьелло использовали в основном в бленде с негроамаро, но в последние годы стали делать и сортовые вина, которые могут быть великолепными с хорошей структурой, телом и элегантностью. Вино из сузуманьелло обладает яркой индивидуальностью, оно очень фруктовое со освежающей кислотностью, с возрастом приобретает ароматы чернослива, припущенных красный фруктов и специй.

В зонах DOC количество сузуманьелло пока ограничено:
Brindisi Doc – максимум 30%
Ostuni Doc Ottavianello – максимум 15%.

Но в IGT и, тем более, в столовых винах (которые бывают дороже некоторых DOC), ограничений нет.

Синимы: Somarello nero, Zuzomaniello, Cozzomaniello.

Теперь о винах.

Первое вино от крупного производителя Due Palme. Его я дегустировала дважды, так уж получилось, что на дегустации в винодельни дали Сузуманьелло, который я уже пробовала до этого.

Serre Salento IGT 2010 Due Palme. 100% сузуманьелло

Яркие фруктовые ароматы, элегантные тона сливы, черешни, конфитюр, специи. Во рту такое же фруктовое, густое и насыщенное, я его для себя определила как «жирное» вино, ощущение, что его можно резать ножом, бархатные танины, сладость, сливовое послевкусие. Хорошо сочетается с ароматной пастой, лазаньей, жареным мясом, шашлыками, сырами средней выдержки, но можно пить без еды, в качестве десерта, хотя вино сухое.

Второе вино от маленького производителя Tenuta Partemio, который на грани развала. Отец оставил в завещании винодельню детям, которые не сумели удержаться на плаву. Вино Nomas. Категория – столовое вино, цена выше 20 евро (в Италии).

100% сузуманьело со старых лоз в форме альберелло) возраст который насчитывает 70 лет. Выдержка 16-18 месяцев в барриках и 7 месяцев в бутылках.

В аромате - слива, красные ягоды, конфитюр, брусника, черноплодная рябина, гранат.

Во рту ощущается хорошая кислотность, мягкие танины, вкус черноплодной рябины с легкой приятной горчинкой.

Элегантное сбалансированное вино, идеально для мясных блюд и выдержанных сыров.

Отличное и сильное вино.

Вот такое разный «груженый ослик».

Пекорино – вино, а не сыр

Когда люди впервые слышат о сорте винограда пекорино, то недоумевают: *«Пекорино? Это же сыр из овечьего молока, причем здесь виноград».*

Тем не менее, пекорино – это еще и белый сорт винограда, произрастающий в центральной части Италии.

Название сорта происходит от слова «пекора» (овца), потому что овцы любят есть этот виноград, проходя мимо виноградников. Но возможно, что это просто шутливая легенда.

История винограда пекорино насчитывает много столетий и восходит к II до н.э., когда пекорино был завезен в Италию древними греками, но слава к нему пришла лишь в 80-ые гг. XX века, когда Гуидо Коччи Грифони проводил исследования автохтонных сортов винограда в Марке. Исследования были направлены на сохранения исчезающих местных сортов, а также поиск новых и интересных на смену избитых треббьяно и мальвазии. Грифони нашел малюсенький виноградник пекорино, расположенный в горах. Он приложил много усилий, чтобы расширить виноградник и начал производить вина.

В начале 1990-х гг. вина из пекорино стали появляться на рынке, но сорт был не авторизированным и вина маркировались как столовые. В 2001 году пекорино вошел в разрешенные сорта Offida DOC (Марке), вина должны были содержать не менее 85% Пекорино. В 2011 году винодельческая зона повысила свой статус до DOCG.

Пекорино выращивают в Марке, Абруццо, а также немного в Умбрии и Лацио. В Абруццо все вина из сорта Пекорино относятся к категории IGT (Alto Tirino, Terre di Chieti, Colline Pescaresi, Colline Teatine и другие).

Пекорино предпочитает высокие и прохладные холмы с умеренным солнцем. Это тонкокожий сорт винограда, способный накапливать достаточно большое количество натурального сахара (может быть из-за этого его так любят пасущиеся рядом овечки) и высоким содержанием кислоты.

После выдержки в бочках, появляются третичные ароматы. Вино хороших годов, употреблять лучше на 2-3 год после сбора урожая.

Обычно о винах из пекорино я вспоминаю летом, легкие, свежие, с хорошей кислотностью, охлажденные до правильной температуры, идеальный вариант и для аперитива и для летных блюд.

Вот пример одного из самых доступных по цене вин из пекорино, которое можно найти на российских полках.

Cantina Tollo. Terre di Chieti. 2011.

Пекорино 100%

Цвет: бледно-соломенный с зеленоватым отливом.

В аромате белые цветы, ананас, манго, груша, дыня, все достаточно ярко и насыщено, но вместе с тем элегантно.

Рот: хорошая кислотность, структурированное вино с долгим послевкусием.

Фалангина (Falanghina): домашний сорт из Кампании

Бывают такие сорта винограда, которые условно можно назвать «домашними», т.е. у любого итальянца будет в запасе история про бабушку или дедушку, которые делали или любили выпить вино из этого сорта винограда.

Фалангина – один из таких «домашних» сортов белого винограда из Кампании.

Лозы винограда фалангина были завезены греками, через портовый город Кума, около 700 г. до н.э. Обычно греки оставляли ползти свои лозы по земле, но в Италии этот метод не прижился – лозы покрывались плесенью. И греческим колонистам приходилось искать другие способы, культивирования виноградных лоз. Они стали подвязывать лозы к деревянным столбам, чтобы поднять их с земли. Такие столбы назывались "falangae", отсюда и произошло название сорта.

Сорт фалангина был одним из самых распространенных в Кампании, пока эпидемия филлоксеры не уничтожила большую часть лоз.

Тем не менее, виноделы продолжали производить «быстрые вина» из нетребовательной фалангины, которые выпивались молодыми. (Это и порождало рассказы про дедушек-любителей вин из фалангины). В 1990-е гг. начались эксперименты с фалангиной – новые методы винификации, современное оборудование, чаны из нержавеющей стали, контроль температуры во время ферментации, выдержка в дубе, производство игристых вин и пассито. Результат не заставил себя ждать, гибкий сорт фалангина оказался способным давать превосходный результат – свежие питкие вина, которые отлично сочетаются с блюдами местной кухни, а также вина, пригодные для длительной выдержки. Все это сломало старые стереотипы о фалангине как о вине зеленом, кислом и невнятном.

Современные вина из фалангины имеют фруктовые ароматы, в которых преобладают ананас, зеленое яблоко, банан и персик, а также белые полевые цветы и бальзамические нотки.

Неббиоло (Nebbiolo): туманный сорт

Неббиоло - красный сорт винограда, гордость и слава Пьемонта, дающий выдающие, великие вина мира.

Неббиоло берет свое название от осенних туманов (nebbia – по ит. «туман»), которые опускаются на пьемонтские земли во время позднего сбора винограда.

Это автохтонный сорт, который чувствует себя хорошо только в Пьемонте и близлежащих регионах. Одним из предков Неббиоло является пьемонтский сорт Фрейза, второй предок неизвестен.

Вегетативный цикл у Неббиоло достаточно длительный. Почки образуются в начале апреля, а собирают виноград в середине-конце октября. Длинный период созревания позволяет виноград набрать больше ароматических веществ, стать богаче по вкусу.

В I в. римский писатель Колумелла в книге, посвященной земледелию, писал о винограде Неббиоло – *«виноград с черными ягодами, произрастающий в прохладных районах»*. Действительно, климат Пьемонта отличается некой суровостью, по сравнению с другой частью Италии.

Следующие упоминания о Неббиоло мы находим в 1292 г., в документе об аренде земель около Альбы есть пункт, который обязывает арендатора сажать виноград Неббиоло. А это значит, что вино из Неббиоло уже проявило себя с лучшей стороны.

Далее в завещании некого Томмазо Азинари от 1295 г. говориться о четырех бочках вина *«duos de nebiolo et duos de nostrali»*. Азинари завещал две бочки с вином из Неббиоло своей жене, что подчеркивает ценность вина. Существует целый ряд и других документов, которые подтверждают присутствие Неббиоло в Пьемонте в XIV-XV вв. Так одна из важнейших работ «Трактат о Земледелие» Пьера де Крешенцы, написанный на латыни, подробнейшим образом описывает сорт Неббиоло и вина из него.

Кроме Пьемонта, Неббиоло может встретиться в нижних регионах Валле д'Аоста, в Ломбардии (Вальтеллина, Франчакорта) и северной части Сардинии в Лурас.

Общая площадь около 4 700 га.

Неббиоло – сорт высокого качества, обладающий превосходными характеристиками и оптимальным балансом цвета, тела, кислотности, ароматов, мощи и спиртуозности. Аромат и вкусовые характеристики сильно зависят от терруара и климатических особенностей года. В целом, вина из Неббиоло имеют в аромате фрукты, лепестки роз и сухих фиалок, пряные нотки. Во вкусе – средние танины.

Вина из 100% Неббиоло - Barbaresco, Barolo, Carema.

Вина, в которых Неббиоло является основным сортом - Gattinara, Valtellina superiore, Canavese Nebbiolo, Bramaterra, Ghemme, Roero.

В Новаре Неббиоло называют Спанна, в Валле д'Аоста – Пикотендро (Donnas и Arnad-Montjovet Doc), в Ломбардии – Кьяваннаска (Valtellina Superiore Docg и пассито Valtellina Sfursat Doc).

Богатый и сложный аромат, фруктовые тона, среди которых преобладают слива, вишня, цукаты, трюфель, легкие пряные нотки, дымные ароматы. В бокале вино интересно развивается, оставляет долгое послевкусие.

Озелета (Oseleta) – лакомство для птичек

Озелета – редкий и древний автохтонный венецианский сорт красного винограда, произрастающий на северо-востоке Италии в регионе Венето. Долгое время он был на грани исчезновения, и только в XX в. на виноградниках известной винодельни Masi обнаружили 4 лозы и возродили его. Сейчас у Masi Озелета занимает 20 га.

Первые упоминания об Озелета встречаются в документах 150-летней давности, но, говорят, что сорт еще более древний. Такое резкое сокращение виноградников, скорее всего, связано с эпидемией филлоксеры в 1880-е гг., когда пришлось выбирать более устойчивые и неприхотливые сорта винограда. Анализы ДНК показали, что Озелета состоит в родственных отношениях с сортами Корвина Веронезе и Рондинелла, теми которые используют в Вальполичелла.

Ягоды у Озелета маленькие и очень сладкие. "Oselet" на веронском диалекте означает птичка, когда виноград спеет, он становится таким вкусным, что налетают стаи птичек, чтобы полакомиться.

Описывают Озелета как виноград мощный, дающий много побегов, с высокой урожайностью, позднее цветение защищает от весенних заморозков, устойчивый к болезням, но восприимчив к благородной плесени *ботритис цинерея*, что позволяет оставляют виноград долго на лозе вплоть до конца сентября – начала октября. Озелета хорошо подходит и для производства пассито.

Озелета дает мощный цвет, хорошие танины и сбалансированные кислоты. Все его характеристики говорят, что этот сорт идеальный партнер для вин Вальполичелла, Ричиото и Амароне.

Но опыт нескольких веронских виноделен показывает, что Озелета замечательно себя чувствует и один в сортовых винах.

Синонимы: Osela, Osella, Oselina, Oselletta Nera.

Винодельческие хозяйства, производимые сортовые вина из Озелета:

Masi - "Osar" Rosso Del Veronese IGT

Zyme - Oz Oseleta Rosso Del Veronese IGT

Tenuta di Cordevigo – Oseleta Rosso Del Veronese IGT

Про вино

Пассито: вино из изюма

Пассито – сладкое вино из заизюмленного винограда.

Его можно назвать расплавным золотом или жидким огнем, в зависимость от цвета винограда, из которого сделано пассито, его концентрированные, богатые ароматы сводят с ума каждого, кто хоть раз в жизни попробовал настоящее вино из изюма, называемое в Италии пассито.

Для производства пассито используют такие же технология, как для изготовления обычного вина, разница лишь в исходном винограде. Для пассито виноград проходит длительный период заизюмливания – превращения в изюм, когда ягода теряет воду, уменьшается в размерах и концентрирует в себе сахар, кислоту, минеральные соли и ароматы. Вино из заизюмленных ягод обычно отличается достаточно высоким процентом содержания алкоголя. Процесс заизюмливания может проходит двумя путями.

Первый вариант, когда виноград оставляют на лозе пока ягоды не усохнут до состояния изюма. В этом случае с виноградом могу ничего не делать, просто ждать или покручивать ножки или может появится благородная плесень Ботритис ценерея.

Вторая техника заключается в сборе винограда и его подсушивании на циновке или в ящике, как на открытом воздухе, так и в закрытом помещении с контролем температуры и влажности.

После этого виноград, превращенный в изюм, давят и производят вино обычно методом для белых вин. Период выдержки может длиться несколько лет. Существует еще один метод получения пассито, называемый «холодным». Виноград сразу после сбора оставляет на ночь при температуре меньше нуля градусов, после этого отправляют под пресс. При этом жидкость замораживается и получившееся сусло содержит большее количество сахара. Если в бродящее сусло или пассито добавляют спирт, то получается крепленное вино, о чем обязательно будет указано на этикетке (vini passiti liquorosi). Из заизюмленного винограда производят не только сладкие вина. Самое известное сухое вино из изюма Amarone della Valpolicella, а также Graticciaia Rosso Salento IGT и Sforzato di Valtellina (o Sfurzat) della Valtellina. Среди самых известных сладких вин пассито – Москато Пассито ди Пантеллерия, Вин Санто из Тосканы, Речиото из Вероны и Скьякетра из Пяти Земель (Лигурия).

Пассито вино особое, часто производители подчеркивают это, разливая вино в маленькие изящные бутылочки.

Лучшие образцы ценного напитка из изюма обладают яркими ароматами сухофруктов, орехов, меда и душистых цветов, на вкус они плотные, округлые и маслянистые.

Пассито является лучшим другом для сухих печений, сладких десертов и шоколада, а также для соленых сыров с голубой плесенью типа горгонзола, и... невероятное сочетание...селедки. Но может быть и вином для медитаций, с которым уютно провести вечер, наполненный солнечными ароматами и яркими воспоминаниями.

Как фильтруют вино

Фильтрация вина осуществляется для удаления осадка, который образуют умершие дрожжи и виноградные остатки.

Это делают не только для того, что вино приобрело красивую прозрачность, но и для защиты от вторичного брожения в бутылке. Хотя некоторые виноделы предпочитают не фильтровать вина, мотивируя это тем, что осадок придает вину текстуру и дополнительный аромат.

Существует четыре метода для фильтрации вина.

Первый – сцеживание, т.е. вино переливают из одной бочки в другую, оставляя осадок на дне. Это самый щадящий метод.

Можно фильтровать вино, используя различные фильтры и мембраны, которые задерживают ненужные частицы.

Третий метод называется оклейка. В вино добавляют что-нибудь способное «склеить» или «связать» осадок, обычно это протеин (в виде яичного белка), который аккумулирует частицы, делая их больше, тем самым, упрощая процесс последующей фильтрации или сбора со дна бочки. Оклеивающие компоненты не содержатся в бутылках с вином.

Последний метод – метод холодной стабилизации. Вино охлаждают до определенной температуры, осадок выпадает в виде кристаллов, которые извлекают из вина.

Братья меньшие.

Бароло, Брунелло, Амароне... Великие вина Италии, которые завоевали мир. Вина не на каждый день, а на праздничный стол. Их стоимость значительно выше средней, а иногда и просто очень высока.

Но для тех, кто хочет тратить меньше, существуют «младшие братья», с которыми не помешает познакомиться.

Так у Брунелло из Монтальчино есть «братик» Россо Монтальчино, также из 100% санджовезе, но более молодой, в смысле выдержанный в бочке всего лишь 1 год. Говорят, что в лучшие годы он ничуть не уступает своему старшему брату! Не считая стоимости.

Другое известное «семейство» из Тосканы – Нобили ди Монтепульчано и его «младший брат» Россо. И тот, и другой содержит 70% санджовезе, но отличаются периодом выдержки, как и в случае с винами из Монтальчино. Кто бы мог подумать, что и король вин – Бароло имеет ближайшего младшего родственника Неббиоло д'Альба, вино, которое выдерживается 1 год в бочке, но его уже через 3-4 года можно пить.

Амароне – практически культовое вино, вот только цена «кусается». Вальполичелла Рипассо производится из тех же сортов винограда, что и Амароне. К бродячему суслу добавляются отжимки увяленного винограда, которые остались после производства Амароне, в итоге получается...нет, конечно, не Амароне, но вполне достойное вино, «младший брат» по цене в несколько раз ниже.

И напоследок, Сагрантино ди Монтефалько – 100% саграntино, 30 месяцев выдержки и не такая уж низкая стоимость. Монтефалько Россо – сагрантино плюс санджовезе, выращенные в той же зеленой Умбрии, выдержка 18 месяцев и хорошая цена!

Вино для вегетарианцев

Каждый раз, покупая бутылку вина, мне, как вегетарианке остается надеяться на случай и гадать, использовали при производстве молочный казеин, а желатин, полученный из костей животных или рыбий клей, а может альбумин из кровяной сыворотки или продукты на основе хинина?

Несмотря на то, что энология идет по пути натуральности, есть процессы винификации, в которых используются животные компоненты, но прочитать об этом на этикетке или на сайте производителя не получится.

Теперь Итальянская вегетарианская ассоциация (Associazione Vegetariana Italiana) будет сертифицировать вина, подтверждая, что они пригодны и для тех, кто придерживается вегетарианской или веганской диете.

На таких винах появится марка "Qualità Vegetariana®".

Сертификация будет добровольной и ее можно считать большим шагом навстречу тем, кто хочет пить вегетарианское вино. Спасибо тем, кто думает о нас!

Гастрономия и вино

Итальянское вино и итальянская кухня: идеальные сочетания

Сейчас, как никогда прежде, обсуждение гастрономии и сочетания блюд с вином - одна из самых популярных и живых тем во всем мире. Традиционная кухня, авторская, новаторская, фьюжен-гастрономия открывают огромный простор для выбора правильного вина, которое подчеркнет достоинства блюда и будет идеально подходящим компонентом обеда или ужина.

В Италии существует около 70 тысяч традиционных рецептов, представляете, какая свобода для выбора итальянского вина! И другая хорошая новость – в этом королевстве вкуса не существует правил, которые нельзя нарушать!

Существует два подхода: противопоставление и согласование.

Первый подход в Италии любят больше и чаще итальянские вина выбирают, опираясь именно на него.

Метод противопоставления основан на разнице вкусов вина и блюда. Так, например, если перед нами достаточно жирное блюдо, скажем, свиная отбивная, то вино лучше выбрать сухое с заметной кислотностью, которая нейтрализует жир. А для соленого блюда идеальной парой будет сладкое вино, типа пассито.

Метод согласования советует находить одинаковые вкусы в вине и еде. Этот метод хорошо работает при выборе сладкого вина к десерту. На этом сходятся все специалисты и не рекомендуют экспериментировать, заказывая сухое игристое вино к сладкому пирожному или торту, в то время, как игристое Асти, ароматное пассито или речиото, крепленная Марсала доставят вам истинное наслаждения десертом, и даже смогут заменить его.

Стоит помнить, что есть «сложные» блюда и продукты, которые не сочетаются ни с каким вином. Например, рыба, маринованная уксусом, рыбные консервы, артишоки, свежие фрукты, помидоры.

Тосканская кухня

Тосканская кухня – простая, сбалансированная, натуральная и сытная, она связана с дарами земли и моря. Овощи, мясо, рыба, хлеб, оливковое масло и вино – основные ингредиенты.

Тосканская кухня опирается на древние традиции, которые передавались из поколения в поколения и оттачивались веками.

Например, тосканский хлеб – такого больше нигде в Италии не найти, его пекут без соли. Скорее всего, эта особенность сложилась в XII в., когда накалилась борьба между Пизой и Флоренцией, и пизанцы блокировали поставки соли, которую добывали в Венеции.

Вообще, в Тоскане – хлеб всему голова, тому свидетельствует длинный ряд различных блюд, которые готовятся с хлебом.

Панзанелла (panzanella) – салат бедняка, состоящий из помидоров, красного лука, базилика и кусочков хлеба, размоченных в воде с уксусом, все это обильно поливают оливковым маслом.

Риболлита (ribollita) – густой овощной суп с фасолью, засохшим хлебом и черной тосканской капустой. Полить оливковым маслом, посыпать тертым сыром, в бокал налить Кьянти и получится отличный зимний обед!

Аквакотта (acquacotta) – овощной суп из прибрежной Маремммы. Среди основным ингредиентов опять хлеб, а также различные овощи – фасоль, артишоки, брокколи, капуста, помидоры, лук.

Продолжая тему хлебных супов, расскажем о «помидорном папе» (pappa al pomodoro). Универсальный суп, который может быть как холодным, так и горячем. Потушим на сковородке в оливковом масле чеснок, острый перчик и порезанные помидоры, затем добавим воды, соли, перца и порезанный несоленый хлеб, помешивая до тех пор, пока хлеб не превратится в кашицу. Сытный суп готов!

Тосканское побережье богато рыбой, здесь варят качьюкко (cacciucco) – рыбный суп с томатным соусом. Сопровождается такой суп красным вином и ни в коем случае белым!

В тосканской кухни широко используют белое мясо и дичь - куры, индейки, гуси, цесарки, голуби, кролики, зайцы, кабан, фазан.

Свинина – традиционное мясо Тосканы. Из нее делают ветчину, салями, всевозможные колбаски, грудинки.

Cinta Senese – особая порода свиней, выращенных в естественных условиях на территории, расположенной в провинциях Сиена, Флоренция и Гроссето.

Свиней можно узнать по полоске, проходящей вокруг шеи.

Чинта сенезе идет на приготовления салями, ветчины, а также для бифштексов и рагу.

Особое место занимает телятина. Опять речь идет об особых породах - Chianina и Maremmana – две породы домашних быков, выращенных в естественных условиях в долине Валь ди Кьяна и Маремма.

Эта телятина высокого уровня, она идет на приготовление коронного блюда Тосканы - бифштекса по-флорентийски (bistecca alla fiorentina). Для бифштекса берут филейную часть чуть больше килограмма и высотой 5-6 см и обжаривают на решетке на открытом огне, поворачивая только один раз. Бифштекс с хрустящей корочкой получается розовым и нежным внутри, он тает во рту и отличается сочностью. Старинный рецепт впервые был опробован при дворе Медичи.

Королевское блюдо достойно лучших вин – Брунелло ди Монтальчино, Нобиле ди Монтепульчано и Кьянти Классико будут отличным сопровождением к бифштексу по-флорентийски.

Самый популярный тосканский сыр – пекорино – сыр из овечьего молока, особенно ценится пекорино ди Пьенца.

Нельзя обойти вниманием сладости Тосканы, которые весьма популярны и за пределами региона.

Панфорте (panforte) – сиенский кулич с древней историей за своими плечами. Круглый и пышный диск панфорте состоит из специй, сушеных апельсинов, дыни, миндаля и пряностей. В 1879 году по случаю приезда королевы Маргариты в Сиену были приготовлены особенные панфорте из сушеной дыни, покрытые сахарной пудрой. С тех пор панфорте Маргарита ("Panforte Margherita") стал особым видом кулича, более нежным и деликатным, обсыпанный белой сахарной пудрой, он продается до сих пор.

Маленькие риччарелло (Ricciarelli) – миндальные печенья, рецепт которых привез рыцарь Риччардетто Делла Герардеска из крестового похода. Ароматные печенья отлично подходят под сладкие десертные вина - Moscadello di Montalcino позднего сбора и Винсанто.

Сухари Кантуччини (Cantuccini) являются самыми распространенными в Тоскане. Сухие бисквитные печенья с миндалем, продолговатой вытянутой формы.

Первые упоминания о кантуччини относятся к 1691 г. в словаре Accademia della Crusca есть такое описание: «кусочки бисквитов из муки, светлых яиц и с сахаром». Самые знаменитые кантуччини делали в Пизе. А миндаль стали добавлять позже в XIX в., кондитер из Прато Антонио Маттеи предложил этот рецепт кантуччини, который впоследствии стал классическим.

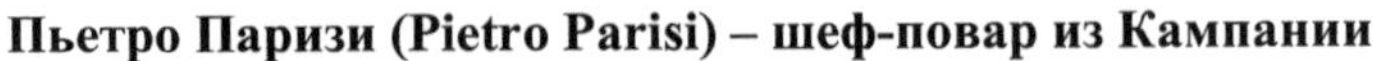

Пьетро Паризи (Pietro Parisi) – шеф-повар из Кампании

Отправится на ужин за 100 км - по итальянским меркам это на край света. Но если шеф-повар - гений, то путешествия в кулинарный рай не измеряется в километрах.

Разрешите представить – Пьетро Паризи, молодой и талантливый шеф-повар из Кампании, который впитал ароматы и кулинарные традиции родной земли с детства.

- Пьетро, расскажи о себе. Почему ты стал шеф-поваром? Это семейная традиция?

- Я вырос и живу в Пальма Кампания, это деревня недалеко от Неаполя, земля, где культура все еще тесно связана с местными продуктами и крестьянскими традициями. Веками здесь выращивали фрукты и овощи, которые продавались на рынках Неаполя, этим занимаются и до сих пор. Крестьяне держат скот в своих дворах, пекут домашний хлеб в дровяных печах, делают то, что делали их отцы и деды на протяжении всей жизни. Эти простые деревенские будни вдохновили меня на поиски «настоящей» Кампании.

После нескольких лет работы в ресторанах высокой кухни и ресторанах при отелях, я решил начать свое собственное дело – открыть ресторан, там, где я родился, где связан невидимыми корнями с землей и традициями. Моя страсть к готовке родилась в нежном возрасте – 7 лет, это было почти игрой, мне доверили посыпать круассаны сахарной пудрой в кулинарии моего дяди.

Но искорку кулинарного искусства в меня вселила бабушка Наннина, которая всегда придумывала что-нибудь на кухни, чтобы развлечь своего внука. Я никогда не забуду вкус ее хлеба с сахаром и лимоном.

Многие меня спрашивают: «Пьетро, что тебя заставило вернуться домой после работы в звездных ресторанах?» Я всегда отвечаю с улыбкой: «Полученный здесь опыт велик и неповторим, он увеличивает мой профессиональный багаж знаний и достоин того, чтобы переживать его снова и снова, совершенствуясь и формируя свой характер».

Находясь среди людей разных национальностей, я изучил различные гастрономические культуры и тенденции. Но я уверен лишь в том, что любовь к семье побеждает все, поэтому после 12 лет международного опыта, я открыл бутик-ресторан «Era Ora» в Пальма Кампания (Palma Campania). И я ни разу не пожалел об этом шаге. По правде сказать, сначала было тяжело приспособиться к вкусам моих земляков, которые привыкли к очень простой пище и не воспринимали креативный подход в приготовлении и подаче блюд. Но благодаря им, я научился тому, что высокая кухня может быть простая и заключать свою ценность в продуктах, которые дарит наша родная земля, то, что называется кухней «нулевого километра».

- *Мегаполис и кухня «нулевого километра» совместимые вещи?*

- Безусловно. Конечно, в городе нет огородов и садов, но всегда можно найти хороших производителей в пригороде, в любом случае, ключевой фигурой является шеф-повар, который живет и дышит традициями родной земли, всегда может выплеснуть свое вдохновение и дать ему жизнь в кулинарном воплощении.

- Что отличает кухню Кампании?

- Думаю, что Кампании завоевывает сердца своими продуктами, хорошо известными за пределами Италии.

Это помидоры Сан Марцано, моццарелла ди буфала, базилик и баклажаны. Моей личной удачей и гордостью является пармиджана ди меландзана, приготовленная на пару и законсервированная в стеклянных банках. Сейчас это мой «маст хэв» - обязательное блюдо, которое соединило в себе мой высокий профессиональный уровень, традиционный рецепт и креативный подход. Сейчас блюдо, способное встряхнуть публику, большой успех. Я думаю, что надо собирать и бережно хранить древние рецепты и местные продукты. Например, известная во всем мире пицца родилась в Кампании, и можно было и дальше выезжать за счет ее славы, но на кулинарную сцену выходятся молодые и талантливые шеф-повара, которые ценят старые традиции, но исполняют их в новом ключе.

- Какое вино предпочитаешь?

- Я не очень много пью вина, но в Кампании всегда беру Граньяно (Gragnano), скажем, что это вино очень яркое и его популярность растет.

- Любимое блюдо. Рецепт.

Пармиджана ди меландзана, приготовленная на пару и законсервированная в банку. Я считаю, что это блюдо не только вкусным и ароматным, но и полезным для здоровья.

Ингредиенты на 4 персоны:

3 длинных баклажана

1 коробочка помидоров Сан Марцано

сыр из коровьего молока типа Аджерола (Agerola)

базилик, чеснок

Оливковое масло, соль, перец

Тертый сыр

Баклажаны порезать на кусочки толщиной 1 см, положить в глубокую сковороду и запечь в духовке при температуре 200 градусов в течение 3 минут. Обжарить в сковороде помидоры Сан Марцано с оливковым маслом, солью, чесноком и базиликом около 15 минут. Уложить в небольшую стеклянную банку слоями помидоры, баклажаны, кусочки сыра из коровьего молока, базилик, тертый сыр, соль, перец. Затем готовить банку на пару в течение 150 минут. После этого положить верхний слой моццареллы и запечь в духовке до образования корочки. Герметично закрыть банку.

Приятного аппетита!

Кухня Валле д'Аосты.

Валле д'Аоста – самый маленький и горный регион Италии. 14 долин, окруженных вершинами величественных Альп с белоснежными шапками.

Валле д'Аоста совсем не похож на остальную часть страны, его суровое горное очарование и гостеприимство местных жителей, которые говорят на двух языках - французском и итальянском с характерным рычащим «ррр», привлекают многих туристов.

Старинные рецепты и кулинарные традиции здесь бережно хранят и свято чтят. Вальдостанская кухня простая, сытная, вкусная...и совсем не похожа на типичную итальянскую. Паста и оливковое масло – два основных компонента итальянской кухни, не относятся к традиционным вальдостанским продуктам. Здесь едят сыры, блюда из мяса, дичи и рыбы, овощи и фрукты, грибы, злаки, каштаны, травы и мед.

Особое место занимают сыры, самый известных из которых Фонтина. Первые упоминания об этом сыре датируются 1270 годом, Фонтина имеет статус DOP (защищенное наименование по происхождению).

Ароматный сыр из коровьего молока с небольшими дырками идеально сочетается с местным красным вином Nus.

Валле д'Аоста регион, состоящий из лесов, долин и гор. Сочные травы лугов дают обильную пищу для пасущихся вальдостанских коров и овец, мясо которых готовится по старинным рецептам. Например, моцетта – сушеная говядина, оленина, мясо серны или дикого кабана, на вид жесткая, но во рту становится нежной и вкусной.

Рецепту изготовления моцетты несколько веков. Цельные куски сырого мяса целиком погружают в рассол с добавлением горных трав, соли и специй. Через 20 дней мясо сушат, подвешивая куски в прохладном месте в течение одного – трех месяцев. Готовую моцетту режут тонкими, почти прозрачными кусочками и подают с местным ржаным хлебом.

Другой известный продукт – сало, но не простое, а защищенное по географическому наименованию – Lard d'Arnad DOP. Сало маринуют с можжевельником несколько месяцев в емкостях из дуба и каштана, подают с черным хлебом и капелькой душистого меда.

Еще один «защищенный» деликатес – сырокопченая ветчина Валле д'Ост Жамбон де Босс. Ее производят в долине Гран Сан Бернардо, на высоте 1600 метров над уровнем моря на границе со Швейцарией.

Виноградников в Валле д'Аосте мало, но они также уникальны, хотя бы тем, что это самые высокогорные виноградники Европы. Вина, как правило, высокого уровня, отличаются терруарностью и интересными местными сортами.

Итальянскую трапезу принято заканчивать кофе. Без преувеличения можно сказать, что вальдостанский кофе самый оригинальный в Италии. Во-первых, его пьют не из чашечки, а из «кубка дружбы» - деревянной чаши с несколькими носиками по кругу. Во-вторых, его не пьют в одиночества, а только в компании, передавая горячий ароматный напиток своему соседу. А что можно согреть лучше в холодное время года, если не свежее сваренный кофе с граппой, апельсиновой корочкой в компании хороших друзей!

Разное

Конкурс сомелье

Вы достаточно уверены в своих знаниях о вине? Антинори, Ла Тур, Вьетти для вас не просто названия, а легенда, история и мельчайшие нюансы узнаваемых ароматов и вкусов?

По маленькому кусочку этикетки вы узнаете винного героя в лицо? Откроете шампанское без хлопка и декантируете бутылку вина с закрытыми глазами? Тогда вам прямая дорога проверить свои знания, силы и нервы на конкурсе сомелье.

Но не стоит надеяться, что испытание будет легким, профессиональный уровень участников с каждым годом растет, задания усложняют и меняются, а жюри становится строже. Тем не менее, шанс стать «Лучшим сомелье России» есть у каждого.

Мы посетили XIII Российский конкурс сомелье, организованный Российской ассоциацией сомелье и в данной статье расскажем, как все происходит на самом деле.

В этом году за звание лучшего из лучших в своей профессии боролись 54 сомелье из 17 регионов России.

Этапы конкурса разделены на два дня. В первый день проходит отборочный тур, во время которого определяются полуфиналисты. 40 письменных вопросов, 3 образца для слепой дегустации и органолептический анализ одного вина выявляют 13 *(число выбрано в честь нумерации конкурса)* кандидатов. Среди них в основном сомелье ресторанов, а также профессионалы винной индустрии, их отличает высокий уровень знаний и практических навыков. На втором этапе определяется тройка финалистов. Здесь нужно показать умение декантировать вино, разбираться в сигарах и воде, описать вина на русском и иностранном языках.

Самый волнующий и важный – третий этап, когда три лучших сомелье отстаивают право быть первым и единственным «Лучшим сомелье» года. Задания отличаются сложностью и надо быть действительно эрудитом в винной области, чтобы выполнить и ответить правильно.

Слепая дегустация шести крепких напитков, среди которых портвейн, херес, граппа и «шутка» от организаторов – безалкогольное вино в конце. Если вы думаете, что задание легкое, то ошибаетесь. У финалистов оно вызвало определенные трудности, а безалкогольный напиток был угадан лишь одним из них.

Практическая часть включает в себя подачу и презентацию шампанского, а также рекомендации и сервировку сигар.

Но, если с этим все в порядке, то гастрономическое сочетание «вино и сыр» оказалось сложной задачей. Что же это за ароматный сыр с рыжей корочкой, а это грана подано или пармиджано реджано? Такие вопросы мучили финалистов, многие из них так и остались без ответов.

А Павел Швец, ведущий финала и первый «Лучший сомелье России», уже рассказывает про горе-маляров, которые заляпали бутылки краской, оставив лишь маленькие кусочки этикеток, по которым надо определить, что это за вино. Непросто, но финалисты хорошо справились с этим заданием, узнав известные вина по оборванным логотипам, крепостным башенкам, кузнечикам и фирменным шрифтам на этикетках. Мастерство, как известно, набирается с опытом.

Исправление ошибок в винной карте более трудное дело. Строчки с наименованиями, в каждой ошибка, но в чем и где? Не так все очевидно. Коснемся темы итальянских вин, которым были посвящены три строки винный карты.

2008 Tocai Friulano, Collio DOC Villa Russiz

2006 Flaccianello Colli di Toscana Centrale IGT Felsina

2005 Passito Sagrantino di Montefalco DOC Antonelli

Нашли ошибки? Нет? Читаем более внимательно www.vinoitaliano.ru.

Правильные ответы:

- «Токай фриулано» больше не «токай», а просто «фриулано». Евросоюз запрещает использовать слово «токай» по отношению к итальянскому сорту винограда.
- Производитель этого культового вина Fontodi.
- Это вино относится к категории DOCG.

Следующее задание конкурса – блиц-опрос, участнику дается 1 минута и задаются вопросы. Время пошло, думать некогда, надо просто знать. И опять вернемся к итальянскому вину. Только один из трех финалистов знал, что в Италии 20 регионов, два других были уверены, что их меньше. Сколько у них еще впереди открытий в области вин Италии!

Самым неожиданным и даже забавным было последнее задание – произвести операцию дегоржажа. Конечно, это умению не из арсенала сомелье, но профессионал своего дела должен уметь выйти достойно из любой ситуации. Итак, при производстве игристых вин классическим методом, дрожжевой осадок собирается в горлышке, перевернутой бутылки. Мастер дегоржажа откупоривает бутылку, при этом замороженный осадок «выстреливает» под давлением, и быстро переворачивает бутылку в стоячее положение. Именно это надо было выполнить финалистам. Побеждал тот, кто остался сухим и у кого в бутылке больше прозрачного вина.

Подводя итоги, хочется сказать, что заслуженная победа досталась – сомелье московского ресторана Letto Владиславу Маркину.
Второе место досталось Анне Свириденко, сомелье ресторана Stroganoff Steak House (Санкт-Петербург).
Третье место занял Богданов Евгений — независимый участник из Москвы. Несмотря на то, что конкурсе участвовали представили разных городов России, но сильнейшими сомелье остаются московские и питерские, у которых больше возможностей получить образование и повышать свою квалификацию. В любом случае, конкурс – это следующая ступень, ведущая на вершину знаний и не стоит упускать возможность, если и не стать лучшим сомелье, то хотя бы проверить свои силы.

Праздник вина в Альбе

Альба – город удивительный, способный привлечь туристов выдумкой, смекалкой и умением устроить праздник.
Небольшой средневековый городок, похожий на сотни, а то и тысячи в Италии, Альба занимает особое место. Если вы спросите о достопримечательностях, то можно отметить лишь великолепный Кафедральный собор с одной из самых высоких колоколен и подземельями, зато список праздников и культурных событий займет целый календарь! Альба живет праздниками, это ее хлеб и душа города.
Одно из самых известных событий, проходящих каждую осень и привлекающее кучу знаменитых и самых простых туристов – международная ярмарка трюфелей. Этих страшненьких, сморщенных, но безумно ароматных и вкусных грибов!
Ярмарке предшествует костюмированное шествие и палио на ослах. Весь город превращается в театральную площадку, каждый квартал Альбы готовится к этому событию в течение всего года. По улицам проходят жонглеры, создавая в воздухе развивающимися флагами замысловатые фигуры. Красивые синьоры приподнимают подолы длинных платьев. Маленькие пажи несут ключи от

города на бархатных подушках, а пузатые священники хитро улыбаются. Пестрая вереница исторических персонажей проходит по улицам Альбы, собираясь на площади, где будут состязаться всадники на ослах.

Что за глупые животные! Все силы уходят на то, чтобы объяснить им, где старт, а где финиш! Но упрямые животные все равно всё сделают по-своему, обеспечив зрителей зарядом положительных эмоций и хорошего настроения!

На празднике вина, который также проходит осенью царит совсем другая атмосфера.

Соборная площадь и центральные улицы превращаются в дегустационную площадку под открытым небом.

Десятки производителей из Ланге и Роэро привозят свои красные и белые, сухие и сладкие, тихие и игристые вина, чтобы угостить всех влюбленных в винный напиток.

Покупая билет, каждый посетитель получает кармашек с бокалом, который вешается на шею. Теперь можно начинать винную прогулку по улицам Альбы.

Бароло, Барбареско, различные барберы и дольчетты, арнеис и на сладкое игристое Асти и Москато д'Асти.

Альба погружается в особую атмосферу, со своим бокалом можно зайти в любое кафе и ресторан, посмеяться или спеть со случайными знакомыми, обсудить с производителями сорта винограда из разных зон и просто насладиться жизнью, прикоснувшись к «дольче вита».

Вероятно, что попробовать все 700 или около того вин не получится, но насладиться атмосферой праздника, отведывать местных продуктов и пообщаться с единомышленниками, с которыми вы обязательно найдете общий язык, получится отлично!

Арианна Греко: вино вместо красок

Наше знакомство с Арианной состоялось на просторах интернета. Творческая натура, импульсивная, открытая с южными корнями Арианна написала мне сама, предложив встретиться и выпить по бокалу вина в следующий мой приезд в Италию. А за одно посетить и Капуанский музей, где хранятся работы художницы.

К сожалению, эта встреча не состоялась...личные проблемы Арианны помешали этому.

Тем не менее, я не теряю надежды увидеть живописные полотна, меняющиеся со временем от Арианны Греко.

А пока рассказ о картинах, написанных вином.

Арианна Греко родилась и живет в Апулии.

Живописью Арианна занималась с самого детства, а корни, связывающие ее с вином значительно глубже. Апулия - южный регион Италии, где виноделие берет начало от древних греков, основавших свои колонии на апулийских землях, вековые традиции культуры употребления вина здесь передаются из поколения в поколения и впитываются с молоком матерей.

Арианну Греко ввел в мир вина ее жених (*кризис в отношениях с которым помешал нашей встрече),* погружаясь глубже, открывая новые грани и вкусы, художница очаровалась многообразие винных оттенков, так родился проект – живописные полотна, где вино выступает в роли красок.

«Я предпочитаю работать с красными винами. Мне нравится насыщенный цвет барберы и ее способность отдавать оттенок, люблю негроамаро и альянико, нежные цвета Бароло, белые вина использую для световых эффектов», - рассказывает Арианна.

Первым вином, попавшим на холст художницы, было апулийское Примитиво ди Мандурия, дающее сиренево-фиолетовые оттенки с голубым отливом. Арианна пробовала разные вина, подмечая разницу цвета и как вино изменяется в открытой бутылке через несколько дней. Так получилась «цветовая классификация вин»:

Красно-рубиновый – барбера, оранжевый – старое Бароло 1976 винтажа, желтоватое – дольчетто не моложе 1981 года, бордовый – неро ди тройя, красно-кирпичный – альянико дель вултуре и так далее.

Задача осложнялась тем, что вину свойственно под действием кислорода окисляться и менять цвет, поэтому картина должна быть закончена в течение двух-трех дней.

А дальше картина будет жить своей жизнью, т. е. подобно вино, эволюционировать, меняя оттенки.

На картинах Арианны Греко присутствуют исключительно женщины, соблазнительные, обнаженные, с бокалами вина в руке или выжимающие виноградные грозди на изгибы тела.

«Я считаю, что женщина – это символ красоты, поэтому часто изображаю обнаженных женщин на своих картинах, которые подобно ангелам, спустившимся на землю».

Или богиням, подарившим миру один из величайших напитков – вино.

Певцы-виноделы.

Вино и музыка имеют много общего, рассказывая свою историю, они объединяют людей, утешают и радуют.

Многие итальянские певцы, достигнув успеха на музыкальном поприще, обращают свои взоры на создание другого произведения – бутылки с вином.

В России самым известным певцом-виноделом из Италии является Альбано Каризи. Помните, как дуэт Аль Бано и Ромина Пауэр звучал из каждого магнитофона, энергично напевая «Феличита»?

Уезжая в Милан из родной Апулии, Альбано пообещал своему отцу вернуться домой и он выполнил свое обещание. Первая бутылка «Don Carmelo» от Каризи увидела свет в 1973 году, это было красное вино из местных сортов винограда, следом – белое из шардонне. Сейчас певец владеет 65 гектарами виноградников и выпускает в год 350 тысяч бутылок, которые можно увидеть во всех магазинах Апулии и в России.

Среди вин, заслуживающих внимание можно упомянуть “Platone” – богатый и концентрированный ассамбляж примитиво и негроамаро.

Альбано Каризи уже давно стал ветераном «музыкального» виноделия.

От него не отстает самый популярный оперный певец Андреа Бочелли. Его семья 200 лет производит вино на землях Тосканы, свой собственный виноградник Бочелли приобрели в 1840 году, сначала они производили вина в розлив и только в 1990-х гг. стали их бутилировать. Позже братья знаменитого тенора решили отреставрировать винодельню и подойти к процессу серьезно. Андреа Бочелли говорит, что бутылка хорошего вина – это бутылка счастья. Сейчас винодельня Бочелли выпускает семь «разновидностей счастья в бутылке» в категории IGT, среди которых выделяется сто процентный санджовезе со старых лоз.

Виноградники занимают всего 8 гектаров, и выпускается 25 тысяч бутылок в год, которые в основном идут на американский рынок. Но братья не хотят останавливаться на достигнутом и планируют увеличить площадь виноградников и количество производимых бутылок.

А Джанна Наннини доказывает, что вино – все это рок-н-ролл. Решительная певица из Тосканы с хриплым голосом действовала наверняка. Джанна позвонила известнейшему энологу Ренцо Котарелла: «Я хочу, чтобы ты сделал вино лучше Тиньянелло!»

Смелая мечта! Так на семейной винодельне рок-певицы недалеко от Сиены стали производить три вина -

Rosso di Clausura, Baccano и Chiostro di Venere, все три в категории IGT и на базе санджовезе с добавлениями мерло, сира и каберне. Любимое вино Джанны – Baccano, «шум» так переводится с итальянского его название, связь с рок-музыкой, звуками свободы и аплодисментами очевидна. «Мои вина экстравагантные, как и я, без сомнения – это и есть рок!» - объясняет Джанна Наннини.

Виноградники Certosa di Belriguardo занимают 85 гектаров и находятся в зоне Chianti dei Colli Senesi. Первые винтажи своих вин Джанна представили в сиенской Энотеке, говорят, что поклонников певицы было больше, чем любителей вина!

Вино Франции: Прованс

У большинства людей Прованс ассоциируется с лавандовыми полями, маленькими деревушками, утопающими в цветах, ароматами рыбного супа, смешанными с запахами сухой травы, чистыми пляжами и подсолнухами Ван Гога. И хотя вина Прованса не столь популярны и любимы, как вина Бордо или Бургундии, они не только составляют неотъемлемую часть провансκой романтики, но могут быть великолепными и превосходными. Одно из таких вин БАНДОЛЬ

Апелласьон Бандоль (Bandol AOC) один из самых известных и престижных апелласьонов Прованса, это единственное вино Прованса, которое удовлетворяет современным критериям вкуса: этим вином можно наслаждается, с бокалом красного Бандоля можно медитировать. Столицей винного региона Бандоль является деревня с одноименным названием, расположенная на западе от Тулона на берегу Средиземного моря, являющаяся дорогим и востребованным курортом.

Большая часть вина, производимая в Бандоле – красное вино (70%), но выпускают также белые и розовые вина.

Красное вино из Бандоля сильное, мощное и полнокровное, основным сортом которого является Мурведр. Оно характеризуется темным цветом, богатым фруктовым ароматом, запахом кожи, специй, ванили и специфическим букетом местной растительности – лавра, тмина, хвои, называемой гарик.

По закону, красное вино надо выдерживать в дубовых бочках не менее 18 месяцев. Большинство производителей используют для выдержки огромные бочки – фудры.

Это долгоживущее вино, пика своего развития достигает к 10 годам после сбора урожая.

Мурведер достаточно многолик и ведет себя по-разному, в зависимости от разнообразия почв. Так в северной части апелласьона встречаются каменистые почвы, здесь красные вина получаются более легкими и элегантными, в южной – преобладает красная глина, которая рождает более мощные и танинные Бандоли, которые смягчают Гренашем и Сенсо (но в ассамбляже Мурведера не менее 50%).

Розовый Бандоль считается одним из лучших розовых вин Франции. В аромате специи, землистые и клубничные тона.

Для белых вин используют Кларет, Уни Блан, Бурбулен. Но белые вина – не самая сильная сторона Бандоля.

Виноградники Бандоля расположены на нескольких уровнях холмов, в виде широких ступеней. Сбор урожая проходит вручную, так как использование машин запрещает закон, да и часто это невозможно. Урожайность в Бандоле одна из самых низких, что позволяет получать виноград высокого качества. Резкий ветер мистраль предотвращает загнивание винограда после дождя, поэтому виноделы спокойно дожидаются полной зрелости ягод.

Большинство поместье Бандоля небольшие семейные предприятия. Одно из таких шато посетили и мы.

Шато де ла Ноблес (Chateau de la Noblesse) было основано в 1930 году Винсентом Нигрелем, который торговал вином и оливковым маслом – самыми востребованными прованскими продуктами.

Нынешняя владелица поместья – Аньес Саде, внучка Нигреля, окончила престижную энологическую школу в Бордо. Аньесе вообще близок бордоский стиль, но верит она в терруар Бандоля, в его глинистые почвы и лечебный мистраль.

В 1990 г. шато было обновлено, построены новые погреба и склады.

На 14 гектаров выращивают Мурведер, Гренаш, Сенсо – для красных и розовых вин, а также Кларет, Уни Блан, Верментино (Ролле) – для белых.

Практически все работы, связанные с лозой, выполняет Аньес и ее отец Энри, только на сбор винограда приглашают помощников. В те годы, когда сбор проходит в два этапа, более поздний винтаж носит имя бабушки – Мария-Жан Пиньятель (Pignatel).

Шато де ла Ноблес выпускает красное, розовое и белое вины. Розовые и белые вина готовы к употреблению в молодом возрасте.

Белое вино хорошо к нежной рыбе и прованскому рыбному супу буйабес, а также в качестве аперитива. Розовое с пряными нотки отличное сопровождение для азиатской кухни, рыбы или мяса под деликатным соусом. Красные вина богаты фруктовыми ароматами в молодости, после 10 лет хранения приобретают тона кожи, земли, трюфелей, животные нотки и вкус засахаренных фруктов. Такое вино идеально сочетается с дичью.

Если апелласьон Бандоль является самым титулованный в Провансе, то апелассьон Кот-де-Прованс (Cotes de Provence AOC) – самый обширный, выпускающий абсолютно разные по качеству вина. Но надо заметить, что лучшие вина этого апелласьона вас никогда не разочаруют.

Разрешенных сортов для производства вина много, среди них красные сорта Кариньяна, Сенсо, Гренаш, Мурведр, Сира, Кунуаз, Тибурэн Черный; белые Верментино, Клерета, Семийона, Уни Блана и другие. 60% производимых вин розовые, 30% - красные, и остальные 10% - белые.

Красные вина – типичные представители южного стиля, густо окрашенные, мощные и танинные, хотя встречаются и элегантные образцы. Белые – ароматные и легкие, отлично подходящие для жаркого прованского дня. В апелласьоне Кот-де-Прованс есть необычные виноградники, расположенные на острове Поркероль – самом крупном (1 245 га) из архипелага «Золотых островов». За экологией острова ведется строжайший надзор, под запрет попадает курение, автомобили, выброс мусора, даже выгул домашних питомцев без поводка. Три четверти острова являются частью национального парка, в таком уникальном и особенном месте разместились три винодельческих хозяйства.

В одном из них побывали и мы.

Домэн Перзински (Domaine Perzinsky) выделяется не только своим островным расположением, но и русскими корнями.

Эта история началась после революции, когда русская аристократия, спасаясь от преследования, бежала в Тунис, а оттуда во Францию. Среди них были и Перзинские. В конце 1980-х гг. два брата Алексей и Кирилл Перзинский поселились на острове и стали приводить в порядок запушенный виноградник. Авантюристы по натуре, не имея винодельческого опыта, но, окончив школу энологии в Бургундии и взяв в качестве примера удачный опыт Бандоля, братья принялись за дело.

Сейчас на 10 гектаров в равниной части острова Перзинские выращивают Верментино (Ролле) и Семильон для белых вин, Мурведер (80%), Гренаш (15%) и Сира (5%) - для розовые и красные.

Сланцевые почвы, которые удерживают влагу, постоянный уход за лозой, контроль урожайности позволяет Алексею и Кириллу получает насыщенные, сбалансированные красные вина, ароматные белые и великолепные розовые.

Домэн Перзински находится недалеко от порта, куда прибывают кораблики на остров, доброжелательные хозяева предлагают всем желающим бесплатные дегустации, также вино можно на винодельни, но, к сожалению, ни Алексей, ни Кирилл не говорят по-русски.

Вино – магия общения.

Вино – древнейший напиток, и культура его потребления тесно связана с традициями и историей стран, которые производят вино. Вина Италии, Франции, Испании хорошо известны и любимы во всем мире. Но объяснить любовь к вину исключительно желанием получить порцию алкоголя нельзя.

Вино – это магия. А как еще трактовать феномен притяжения, которым не обладает ни один другой напиток в мире?

Вино, завоевывая сердца людей, заставляет бросать престижную работу и тяжело трудиться на виноградниках, пытаясь создать свое собственное вино, открывать винный бар или магазин, отправляться в путешествия по винным регионам и посещать виноградники только из-за любопытства и любви к вину, погрузиться полностью в изучение этого уникального, похожего на человека напитка.

Вино – это стимул для интеллекта. История, химия, география, биология, философия – науки, связанные с вином, которые требуют постоянного обновления и совершенствования знаний.

Дегустация вина, вдыхание его ароматов – великолепный сенсорный опыт. Говорят, что вино пьют носом, это действительно так. В бокале скрывает десятки различных ароматов, открыть их для себя – захватывающее путешествие в мир запахов.

Но самое главное, что вино сближает людей, хорошим вином всегда хочется поделиться с друзьями, чтобы обсудить его характер, ароматы, ассоциации и вкус.

Все это дает незабываемые моменты, ради которых стоит жить и наслаждаться каждым глотком хорошего французского, испанского или итальянского вина, а разве это не магия!

Printed by Books on Demand GmbH, Norderstedt / Germany